수녀원
이야기

KB058317

수녀원 이야기

초판 1쇄 인쇄 2021년 7월 15일
초판 1쇄 발행 2021년 7월 26일

지은이 깊은굴쥐
발행인 박효상
편집장 김현
기획·편집 김설아 하나래
교정·교열 김정연
디자인 이연진 김성엽
마케팅 이태호 이전희
관리 김태옥

종이 월드페이퍼 **인쇄·제본** 현문자현 | **출판등록** 제10-1835호
펴낸 곳 사람in | **주소** 04034 서울시 마포구 양화로11길 14-10 (서교동) 3F
전화 02) 338-3555(代) **팩스** 02) 338-3545 | **E-mail** saramin@netsgo.com
Website www.saramin.com

왼쪽주머니는 사람in의 단행본 브랜드입니다.
책값은 뒤표지에 있습니다.
파본은 바꾸어 드립니다.

ISBN 978-89-6049-904-1 03900

수녀원 이야기

깊은굴쥐 글·그림

춤과 반려동물과 패션을 금지해도
마음의 불꽃은 꺼지지 않아

왼쪽주머니

들어가는 글

우리가 사극을 볼 때는 큰 인물이 나오고
그 큰 인물을 중심으로 역사의 큰 사건이 전개되는
그런 이야기를 기대하곤 합니다.
하지만 우리의 삶을 돌이켜 보면 우리의 일상은
작은 사람과 작은 사건들로 이루어져 있죠.
큰 인물의 큰 이야기는 분명 역사적으로 큰 의미를 지니고,
웅장한 재미가 있고 선 굵은 메시지가 있습니다.
그렇다고 그것이 작은 사람들의 작은 이야기가
역사적으로 작은 의미를 가지고 있다는 것을 뜻하지는 않죠.

이야기는 네 개의 파트로 이루어져 있습니다.
〈1장. 수녀원 이야기〉는
1300년경 잉글랜드 링컨셔 지방의 한 수녀원을 배경으로
수녀원에서 일어날 법한 소소한 일상의 이야기,
수녀들의 배경과 교황청으로부터 한 통의 칙서를 받는 과정에서 생기는
작은 사건 하나를 다루고 있습니다.
그 이야기들을 통해 중세 수녀원에 살고 있던 여성들이 가질 법한
고민, 불만, 억압에 대한 이야기를 풀어나가고자 합니다.

〈2장. 에블린 아가씨의 결혼식〉은
한 귀족 아가씨의 신부 수업을 통해

중세의 레이디가 가져야 할 덕목과 결혼 과정
그리고 결혼 생활의 노하우를 알아보며,
중세의 여인들에게 사회적으로 요구되는 역할,
주어진 권리, 그리고 가해지던 억압에 대해 이야기하고자 합니다.

〈3장. 겨울 이야기〉는 겨울 명절 시즌에
수녀원에서 만성절, 크리스마스,
무죄한 어린이들의 순교축일을 맞으면서 벌어지는
에피소드들을 통해 중세 명절의 모습들,
명절 속에서 피어나는 수녀원의 자선의 전통을 조명하고자 합니다.

〈4장. 중세 잡설〉은 사람들이 중세에 대해 가질 법한
오해를 풀고 궁금증을 해소하기 위한
패션과 위생 등에 대한 소소한 토막 이야기들과
수녀원 이야기의 주제를 다시금 되새기는 이야기로
구성해보았습니다.

소소한 역사 이야기를 통해 당시의 작은 사람들의 삶을 살펴보고
또한 오늘을 사는 사람들의 삶을 돌아보는 기회가
될 수 있으면 좋겠다는 생각을 해봅니다.
그리고 이런 역사 이야기를 다룬 만화로
사람들이 역사에 좀 더 관심을 가지고,
나아가 다른 좋은 책들을 접할 수 있는 계기가 된다면
더 바랄 것이 없을 듯합니다.

깊은굴취

차례

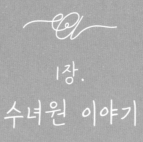

1장.
수녀원 이야기

요새 땡땡이 갑자기 잘 걸리는 거 같지 않아?

예나 지금이나

AD 1300,
잉글랜드 링컨셔
성 메리 수녀원

낯선 시간
낯선 공간에서
벌어지는 일이지만

아—멘.

그래도 사람 사는 곳은
어딜 가나 비슷한 법이죠.

소금 좀 줘.

싱거워.

그리고 비슷하면서도
약간씩은 다르고요.

에? 이게
금지라고?!

소금 좀 줘.

아름다운 침묵

우리는 답을 찾아낼 것이다

가족오락관

이렇게 시작된 수신호는 순식간에 수녀원 안에서 들불처럼 번져나가

소금

물고기

포도주

우유

소고기

몸으로 말해요.

이거?

아! 성 베네딕토 님! 이 무슨!

가족오락관이 아니라고!

원장님! 진정하세요!

3시 창고 뒤

식사 수신호처럼 수녀원 전체에 쓰이는 수신호도 있지만 어떤 수신호는 특정 그룹에서만 쓰이죠.

저기 또 수신호를 쓰는군요. 손가락은 숫자,

이 경우에는 시간으로 의심할 수 있겠군요. 3시인가?

조직 현황도

마틸다 그룹

아델   마틸다

콜렛

요크셔 그룹   이디스

그리고 발을 만지는군요. 몸을 만지는 수신호는 오랜 기간 동안 의문의 대상이었는데

최근 조사 결과 특정한 장소를 뜻하는 것이라는 게 밝혀졌답니다.

3시의 창고 뒤, 대체 무엇을 꾸미고 있는 걸까요?

포도밭

숲

마구간

부엌

빨래터

양조장   창고 뒤

래임수녀님이 수고해주셨죠.

포도주나 한잔?

낮술 좋지!

입에 거미줄 치는 줄ㅋ

땡땡이냐!

원아웃

키 사인

이렇게 된 이상 키 사인 시스템을 도입하자고!

KEY SIGN

야구도 안 보니?

엥? 그게 뭐야?

야구가 뭔데?

쉽게 말하자면 가짜 사인 사이에 진짜 사인을 숨기는 거지.

가령 우리가 지금 쓰는 사인이 이렇고

포도밭

마구간

숲

턱을 만지는 걸 키 사인으로 한다면

부엌

빨래터

양조장

창고 뒤

가령

이 경우엔 부엌이 정답.

키 사인인 턱 다음에 오른 무릎을 만졌으니까.

어때? 간단하지?

와, 대단해!

과연 마틸다! 땡땡이 장인!

그 열정으로 딴 걸 좀 하라고.

16

트릭

뭐야?
저 짓거리는?

척

척

히트앤드런?
스퀴즈?

어쩌죠?
책임수녀님!
애들이 사인을 바꾼 거
같은데요?

걱정 마시죠,
원장수녀님.
저런 트릭은 이미
간파했답니다.

낳고 뛰어봐야
손바닥 위죠.

좌표
찍으시죠,
자매님. 오늘
저것들에게 화염과
분노를…

아, 잠깐
잠깐,
원장수녀님!

네?

오늘은
눈감아 주기로
하시죠.

그건 왜죠?

절레

절레

17

* 수녀원장은 'Mother'라 불립니다.

18

비밀

700년 전
수녀원으로!

오늘날의 수도사들은 참 경건합니다. 나즈막한 언덕 위에 아담하게 지은 수도원, 그곳의 수사들이 대침묵에 들어가 묵상에 빠지는 모습을 상상해봅시다. 이런 풍경에서 경건함 외에 다른 것을 생각하기는 힘들죠. 가령 묵상에 빠진 수사님이 머릿속으로 어제 유튜브로 본 클립의 뒷부분을 떠올리고 있다거나, 밭일을 하는 수녀님이 슬쩍 동료 수녀를 불러 땡땡이를 치러 사라지거나, 그런 걸 상상하는 것은 어쩌면 불경해 보이기까지 합니다.

하지만 중세라면, 이야기의 배경이 되는 1300년경의 잉글랜드 수도원이라면 이야기가 좀 다르죠. 주교들은 대침묵을 방해하는 온갖 수신호를 만들어내는 수녀들을 훈계하는 서신을 쓰고, 미사 시간에 장난을 치는 수사들의 철없음을 한탄합니다. 남녀 수사들은 마을에서 넘어오는 속세의 이야기와 물건에 목말라하고, 때론 감시를 피해 구석으로, 때론 마을로 땡땡이를 칩니다. 오늘날의 수사들의 삶을 보면 〈위대한 침묵〉 같은 다큐멘터리가 생각이 나지만, 그때 수사들의 삶을 다룬 이야기들을 보면 어째서인지 학교나 교도소를 배경으로 하는 드라마가 떠오를 정도이죠.

생각해보면 중세 유럽은 오늘날의 유럽과 비교할 수 없을 정도로 종교적인 사회였고, 개개인이 종교에 대해 가지는 생각은 오늘날보다 더 각별했을 거예요. 그럼에도 불구하고 이 사람들은 왜 경건하지 않았을까 하는 의문을 가지고 수녀원에 대한, 나아가서 중세 유럽을 살아가는 사람들에 대한 이야기를 나누고자 합니다.

Episode 2 **주님의 신부들**

The Nonnery Tales
by ghealGee

서약의 자매들

…

이디스,
주방 가서
더운물 좀
얻어 오너라.
너무 굳었네.

네.

♪

저기,
책임수녀님.
지난번에 하신
말씀이 맘에
걸려서….

네?

지난번에
젊은 자매들에게
이 생활을 견딜
신앙심이 필요하다고
하셨잖아요.

그랬죠.

하지만
저 아이들은 이미
주님의 신부로
남은 인생 전부를
바치겠다고 서약했는데
이 이상의 고귀한
신앙심이 어디
있겠어요?

…근데 왜
저 모양이지?

흐음….

…신앙심이
있어서 평생을
서약한 것이 아니라
평생을 서약했기에
신앙심이
필요하달까나.

절레

절레

마틸다

마틸다의 아버지는 스탠퍼드브리지 선술집 난투에서 아키텐의 기사 세 명을 쓰러트린 용맹한 기사입니다.

시간은 흘러 흘러 마틸다는 씩씩하고 건강하게 자라났죠.

하지만 부모에겐 고민이 있었으니 마틸다의 결혼을 위한 지참금이었습니다.

그리하여 용맹한 마틴 경은 지참금을 싸게 받는다는 소문이 퍼진 아일랜드 땅으로 모험을 떠났습니다.

그리하여 얼스터의 선술집에서 아일랜드의 술꾼에게 승리하고

더블린의 한 양조장에서 성수와 성배를 발견하는 모험 끝에

마틸다를 수녀원에 보내기로 결정했습니다.

23

콜렛

어린 콜렛은 병약했습니다.

부유한 상인이었던 그녀의 부모도

딸의 건강만은 살 수가 없었죠.

부모는 큰돈을 들여 귀족가와
연을 만들어 콜렛에게
천국행 티켓을 선물했습니다.

그런데 의외로 한적한
시골 생활과

신입이니?
우리 콩 서리
갈 건데
같이 갈래?

에? 이따
수업
있잖아.

…깨야지

또래 친구들과의 어울림이
콜렛에게 잘 맞았는지

얏

위위

이제는 몸의 구원보다
영혼의 구원을 걱정해야 할
상황이 되고 있습니다.

잘 좀
밀어봐.

이것들아!

이디스

저기 여러분, 이디스야말로 정말 불쌍해요.

제 팔자도 꼬였지만서도.

어라?

그럼 그럼.

REC

에이, 꼭 그런 건 아닌데.

그런 거 맞거든!

재작년 가을 전염병으로 아빠를 잃은 이디스는

작년 봄 새아빠의 손에 이끌려 수녀원에 들어오게 되었습니다.

얘, 너 몇 살이니?

어…. 열 살인데요.

와, 완전 꼬꼬마야

헐, 대박.

더 놀라운 것은 올해 봄 예비수녀 이디스는 정식 수녀가 되었다는 사실.

와, 이제 저도 자매님들과 같은 베일이에요!

난 2년이나 걸렸는데.

원래 규정이 열네 살부터잖아.

아마 새아빠가 힘써주신 거 같아요. 감사하게도.

상속 때문이겠지?

달리 뭐겠어?

으, 징하다. 저런 어린애를.

*수도사들은 상속권을 인정받지 못했습니다.

마더 아그네스

어린 아그네스는 신앙심이 깊었습니다.

아빠! 저는 주님의 신부가 되겠어요!

아그네스 (11, 백작 4녀)

결심했어!

아버지인 백작은 신앙심은 깊지 않았지만 자식의 혼사에는 관심이 많았죠.

이 기회에 주님과 사돈을 맺어두는 것도 나쁘지 않겠어.

흐음…

주교 쪽에 들이는 돈이 얼만데 우리 쪽 사람도 하나 심어둬야…

그리하여 요크셔의 유명한 수녀원에서 수녀 생활을 시작한 아그네스는

신앙심의 힘으로 이겨내고 3년 전 공석이 된 성 메리 수녀원의 원장이 되었던 것입니다.

아그네스 시리즈 AD 1282 그 시작

AD 1284

AD 1290

아버님 잘 지내시죠?

AD 1294

아그네스 드디어 마더 책임수녀로

아그네스

예비수녀 아그네스

라틴어 어려워.

비서수녀 아그네스

아그네스

여러분도 어렵고 힘들어도 신앙심을 잃지 말고….

힘들고 외로운 수녀 생활을

평수녀 아그네스

우왓, 승진 속도 ㄷㄷ

엘리트….

뭐, 백작가 따님인데. 금수저잖아.

완결은 수녀왕* 아그네스 이려나?

에, 신앙심 문제였어?

….

* 그런 거 없습니다.

에마

성 메리 수녀원에 에마 수녀의 이야기를 잘 아는 수녀는 없습니다.

여기 온 지 40년 가까이 됐지, 아마.

그녀보다 오래 여기 있었던 사람은 없으니까요.

소문에 따르면 에마 수녀는 10대 시절 요크 공작가 아가씨의 시녀*였다고 합니다.

머리 어때?

그야… 이상한데요.

자기는ㅋ

ㅋㅋ

*기사의 종자에 상응하는 귀족 여성의 귀족 수행원

하지만 공작이 반역죄로 처형되고 공작가 여인들이 수녀원에 유폐되면서

에마의 시녀 생활은 끝나게 되는데,

그녀의 부모는 만류했지만

아가씨 일은 딱하게 되었지만 어쩌겠느냐…

정신 똑바로 차려, 이것아. 우리 가문까지 엮일 수 있음이야.

그녀는 아가씨의 곁을 지켰습니다.

아가씨가 병으로 죽고

환속의 기회도 있었지만 그녀는 여기에 있습니다.

이유는 알 수 없지요. 그녀보다 오래 여기 있었던 사람은 없으니까요.

아델 : 사람의 신부, 주님의 신부

어린 아델은 농장을 갖고 싶어 했습니다.

하하. 네가 신부가 되면 네 농장을 갖게 될 것이야.

그리고 이건 내 거고 언젠간 네 오빠 것이 되겠지.

영국에선 포도 농사는 아무래도 답이 안 나오니까

와인보단 맥주를….

신부가 되면 지참금으로 보리밭을 사야겠다는 계획도 세웠습니다.

열여섯 살의 봄. 아델은 나이 지긋한 부농의 신부가 되었습니다.

…생각보다 더 지긋하네.

하지만 몇 년 가지 않아 남편은 그녀의 곁을 떠났고

그래서 마님은 어떻게 되는 거야?

어떻게 되긴. 두 분 사이에 자녀가 없으니까

농장도 함께 그녀의 곁을 떠났습니다.

친정으로 돌아가지 않겠어?

스물두 살 여름. 아델은 다시 신부가 되었고

어, 또 보네?

그녀는 경험 부족한 남편을 리드해가며 그녀의 왕국을 건설하지만

농사는 밀이 기본 아닌감?

언제 적 얘기야?

농사는 도박이라고.

운명은 다시 그녀를 저버리고

마님, 마님! 주인님이 말에서 그만….

스물여섯 살의 가을, 그녀는 주님의 신부가 됩니다.

주여, 결국 누군가의 신부가 되어야 하나요?

제 남편들은 모두 박복하던데 다시 생각해 보심이….

28

주님의 신부가 된 여인들

서머싯 몸의 《인간의 굴레》라는 소설에는 근대 영국에서 젠트리 계급의 남자가 떳떳하게 가질 수 있는 직업은 네 종류가 있다고 나옵니다. 하나는 농장 경영이고, 하나는 장교이고, 하나는 법률가, 그리고 마지막으로 성직자, 즉 성공회 신부가 바로 그것입니다. 그 외에 다른 직업, 가령 장사를 하거나 스타트업 창업을 하거나 뭐 그런 것은 '신사'로서 모양이 빠지는 일이라는 인식이 있었던 것이죠. 그렇다면 숙녀들이 떳떳하게 가질 수 있는 직업은 무엇이었을까요? 그야 당연하게도 농장 경영주의 아내나 장교의 아내 혹은 법률가의 아내나 성공회 신부의 아내였지요.

중세 사람들의 인식도 크게 다르지는 않았습니다. 귀족 계급의 남자가 떳떳하게 할 수 있는 일은 장원을 경영(농장 경영)하며 주군을 위해 싸우는 기사(장교)나 영주의 삶, 혹은 국왕이나 다른 영주의 조신으로서 법률을 다루거나(법률가), 이도 저도 아니면 사제나 수도사로 신을 위해 사는 삶(성직자) 정도가 이들에게 가능한 선택이었죠. 그런데 땅은 한정된 자원이라 영주들은 장자에게 상속을 몰아줘서 가문의 힘을 지키기를 바랐고, 조신 자리 역시 바란다고 쉽게 얻을 수 있지는 않았습니다. 따라서 차남 이하의 아들들은 교회의 문을 두드리는 것이 나름 정석적인 진로였지요.

그렇다면 중세의 여인들은 어땠을까요? 기사나 영주의 아내, 법률가의 아내, 사제나 수도사의 아내…… 아, 가톨릭의 사제나 수사들은 결혼을 못 하죠! 많은 귀족의 아들들이 교회에 귀의한다는 것은 필연적으로 많은 귀족의 딸들이 결혼할 기회를 잃는 것을 의미했습니다. 더더군다나 전쟁이 잦았던 사회여서 일찍 죽는 남자들도 많았으니 성비의 불균형까지 고려해야 했죠.

이렇게 결혼 기회를 잃은 여인들이 갈 곳은 어디일까요? 그곳이 바로 수녀원이었습니다! 종교적 열의를 가지고 수녀원의 문을 두드리는 여인들도 소수 있었겠지만, 많은 여인들이 결혼 경쟁에서 밀려 하나님과의 결혼에 내몰린 것이죠. 수도원엔 땅을 상속받지 못한 아들들과 결혼 경쟁에서 밀린 딸들로 가득 찼고, 이들에게 종교적 열의는 기대하기 힘들었습니다. 이것이 오늘날 수도 시설의 경건함과 당시 수도 시설의 도덕적 해이를 가르는 중요한 차이겠죠.

악마는 드레스를 입는다

보그

그렇게 하는 게 아니라.

우르르

어? 마틸다! 보그 떴어!

어려운데요?

뭐? 보그? 로마?

아, 깜.

벌떡

아니, 캔터베리.

도도도도

뭐야? 전쟁 났나?

이디스! 보그 떴대! 빨리 일어나!

에? 보그? 바느질은요?

당연히 제껴야지! 보그가 떴는데 바느질이 문제냐?

vogue
[vəʊg]

[C, 주로 단수로, U]
~(for sth) 유행

Black is in vogue again.
검정이 다시 유행이다.

이탈리아어/프랑스어 voga에서 유래

본 캔터베리 대주교구에서 산하 수녀원에 다음과 같이 공지하노니….

웅성

웅성

아, 인트로 스킵. 매너 좀.

패션과의 성전

이단과 이교와 오랜 성전을 치르던 기독교 세계.

투닥
데우스 불트
인샬라
툭탁

그리고 그 전쟁만큼 오랫동안 교회가 성전을 벌이고 있는 것이 있었으니

캔터베리 대주교

수녀원의 수녀들이 속세 여인들의 옷차림을 흉내 내고 있다고오오?!

바로 패션과의 전쟁이었다.

어찌 청빈의 맹세를 저버리고

수도사의 몸으로 사치와 허영의 덫에 빠진단 말인가?!

엄격
진지
근엄

속세 여인들에게 모범을 보여야 할 수녀들이!

하여간 여인들이란

주교관 로마 컬렉션 S/S

어리석도다.

부르고뉴 클로 드 부조 레드와인

모피 숄 노브고로드 직송

알라딘 구두 제노바 컬렉션 F/W

주교복 중국산 원단 100%

그리하여 다음과 같이 금지 복장 목록을 지정하니.

아, 이제 나온다!

패션 오브 크리스천스

베일을 젖혀 이마를 넓게 드러나게 하는 것을 금하노니.

어때?

어, 대박. 이마 짱 넓어!

음… 역시 앞머리 유행은 끝난 건가?

슥슥

장신구를 베일에 부착하여 꾸미는 것과 머리에 치장하는 것을 금하며,

오오

그럴듯한데?

에, 그리고 몸에 밀착하여 몸매가 그대로 드러나는 옷차림을 금하노니.

어머~ 망측해라.

꺄아

깔깔깔

왜, 마틸다? 한번 도전해 보게?

수선만 좀 하면 줄일 수 있을 거 같은데?

뭐?! 리폼 가능?

콜렛! 나, 나, 예약!

나부터야, 이것들아!

음… 나 요새 용돈이 궁해서 새 옷은 힘들…

직물상 집 딸

척

두어 컷 전에 망측하다고 한 거 같은데.

33

금지 복장

리리파이프 스타일로 베일 수선하는 것을 금하며,

남자들 패션 아냐?

하이패션은 유니섹스라고.

우플랑드 스타일로 수녀복을 입는 것을 또한 금한다.

우플랑드?

에, 그게 뭐임?

뭐지?

프랑스어 같은데? 우플랑드.

그야 당연하지. 영국인이 제대로 된 먹는 거나 입는 걸 만들 수 있을 리가 없잖아.

야, 그건 좀….

로즈 부인에게 물어보면 어떨까요?

아하.

과연, 로즈 부인이라면 아실지도 몰라.

척

로즈 부인

로즈 경은 바다 건너 전쟁에 나가면서

하하, 내가 하면 로맨스라고. 아마 기사도 로망?

가서 또 바람피우고 그래라~

빠빠빠~ 빠빠빠이~

파티와 드레스, 그리고 춤을 좋아하는 젊은 아내를 수녀원으로 하숙 보냅니다.

생활 잉글랜드 수화 '미친놈아!'

엄마, 그게 뭐야?

남자들은 아내가 수녀들의 신앙심에 영향받길 바라지만

아, 따분해. 뭐 재미있는 일 없으려나.

똑똑똑

여기 사람들은 평생 뭔 재미로 사나 몰라.

보통 영향은 반대 방향으로 흘러가지요.

저기, 로즈 부인.

와인이나 한잔하시며 느긋하게.

어서 와요~ 심심한데 잘됐네.

궁금한 게 있어서요.

생각의 힘

우플랑드라면 시대를 좀 앞서 나가는 느낌이긴 한데.

50에서 100년 정도?

뭔 말이지?

설정 구멍 인가 봐.

어쨌든 여기 예전에 입던 게 한 벌이….

우왓! 전설의 보물함이!

덜컹

이거야말로 원피스?!

여기 있네. 어때요? 누가 한번 입어 보실래요?

나중에 걸려서 원장수녀님한테 혼나는 거 아냐?

두뇌 풀 가동

내 키에 맞으려나.

그래도 한 번은 거절해야 예의인데.

….

가끔은 생각이 많으면

손해다.

저요!

엑?

윽!

척추반사

우플랑드

시몬 신부

그렇게 성 메리 수녀원을 강타한 패션의 쓰나미를

St. Mary S/S COLLECTION

경악의 눈으로 지켜보는 사내가 있었으니….

여기가 수녀원이냐, 프레타포르테냐?

불경해!

바로 성 메리 수녀원의 지도신부, 시몬!

이 꼬락서니를 보시오. 부끄럽지도 않나요?

음, 사실 부끄럽지는 않죠.

굳이 따지자면 구리게 입고 다니는 게 부끄럽달까….

가령 신부님 헤어스타일이 그런 편이죠.

벌칙 게임인가요?

아니! 이 성스러운 머리가 어때서!

야, 마틸다! 머리 얘기는 금기야!

에잇! 이렇게 된 이상 수녀원장님과 면담을 하는 수밖에!

잠깐! 원장님요?

배운 사람답게 대화와 타협을….

치사해!

너희랑 뭘 말을 섞냐.

38

원장 면담

원장수녀님!
지금 수녀원 꼴이
말이 아닙니다! 수녀들이
여염 여인들의 복장을 흉내…

아니, 여염 여인이
아니라 광대를 흉내
낸달까.

벌컥

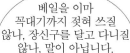
베일을 이마
꼭대기까지 젖혀 쓰질
않나, 장신구를 달고 다니질
않나, 말이 아닙니다.

어우, 성질이 뻗쳐서.
우씨우씨.

깜놀

이 양반이
노크도 없이.

AMEN
VINCIT
OMNIA

앗! 신부님,
저기 십자가 모양의
구름이!

잉?

슥슥

목걸이
목걸이

에?
없는데요?

놀랍군요,
이 또한 기적이
아닐지? 어쨌든
무슨 일로….

단정

근엄

주섬주섬

협상의 기술

무심한 듯 시크하게

패션과의 전쟁

중세 잉글랜드의 가톨릭교회에서는 수녀들을 유혹하여 타락하게 하는 악마(Devil)가 셋이 있다고 종종 이야기하였는데, 춤(Dance)과 반려동물(Dog) 그리고 패션(Dress)이 바로 그것이었습니다.

춤과 반려동물은 나중에 얘기하도록 하고 패션에 집중을 해봅시다. 수녀들은 항상 최신 패션 동향에 귀를 기울였고, 세속 여인들의 유행에 뒤지지 않으려 노력했습니다. 온갖 장신구, 이마를 훤히 드러내는 유행하던 머리 모양, 그리고 드레스까지. 이런 패션에 열심인 수녀들을 단속하기 위해 교구에서는 금지 목록을 만들어서 배포하는 시도까지 합니다. 과연 그 최신 유행 동향을 정리한 금지 목록은 수녀들 마음의 불꽃을 끄는 데 도움이 되었을까요? 중세 기간 내

내 패션과의 전쟁은 계속된 것을 볼 때 크게는 도움이 된 것 같지 않습니다.

어쩌면 패션과의 전쟁은 교회에서만 벌어진 것은 아닙니다. 통치자들은 사치를 막고 건전한 풍속을 지킨다는 명목 등으로 다양한 법령을 만들어 사람들의(정확히는 자신보다 덜 잘나가는 사람들의) 옷차림을 규제하려고 했지요. 가령 1363년의 잉글랜드 왕국에서 반포한 사치 금지 법령엔 신분과 소득에 따라 입을 수 있는 옷감의 가격대와 종류, 옷감에 넣을 수 있는 장식의 소재, 모피로 쓸 수 있는 동물의 종류 등등을 세세하게 지정해놓고 있었죠.

어떻게 보면 패션과의 전쟁은 아직도 어디선가는 계속되고 있습니다. 학교에서는 헤어스타일과 교복 스타일을 두고 갈등이 일어나기도 하고, 회사에서 '포멀한' 복장은 무엇인가를 두고 정장에서 비즈니스 캐주얼, 청바지, 반바지에 이르기까지 다양한 패션이 충돌하죠. 아마도 이 유구한 패션과의 전쟁을 한 줄로 줄여야 한다면, '자유롭게 입고 싶어 하는 욕망이 끊임없이 규제에 도전하고 결국 그 벽을 무너뜨리는 것' 정도가 적당할지도 모르겠네요.

'수녀원 이야기'에서의 스타일

사실 이 만화에서 가장 고증적으로 문제가 있는 것은 수녀들의 복장입니다. 특히 베일을 목쯤에서 매듭지어 두건처럼 쓰고 다니는 것은 당대건 현재건 수녀 복식에서 찾아볼 수 없거든요. 처음에는 인터넷에 가볍게 올릴 만화로 구상했던 것이라 고증보다는 보기에 예쁘고 활동적으로 보이기도 하여 지금의 매듭을 지을 수 있는 형태로 디자인을 했지요. 아무래도 육체노동도 하는 터라 이런 디자인이면 편하지 않을까 쓸데없는 배려를 하면서 말이죠.

그리고 전반적인 헤어스타일 역시 고증과는 전혀 무관합니다. 마틸다와 같이 공격적인 쇼트컷을 보기 위해서는 아마 20세기까지 기다려야 할 거예요. 이 역시 긴 머리를 별로 좋아하지 않고 잘 그리지도 못하는 개인적인 사정이 크게 개입되었습니다. 옷도 그렇고 머리도 그렇고 스타일 관련해서는 뭔가 좀 면목이 없네요.

① 보통 수녀들의 머리는 눈썹 선에서 가리는 걸 원칙으로 하지만
② 중세의 힙스터들은 그 규칙을 잘 지키지 않았습니다.
③ 다만 당시의 미적 기준은 오늘날 할머니들이 열광하는 시원하게 이마를 까는 스타일이라. 이게 고증에 맞는 모습이겠죠.
④ 이마를 더 넓어 보이게 (선도 정리할 겸) 면도를 하는 경우도 있었다고 합니다.

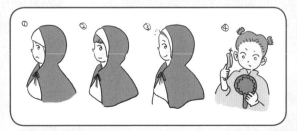

Episode 4 **고해**

the NonneryTales
by ghoalGree

청문회

46

법정 공방

에잇! 뭐 이러쿵저러쿵 입 털 거 있나요?

법대로 합시다! 깔끔하게 결투재판 가시죠!

한판 뜹시다!

뭔 소리야!

헉

그런데 졌다.

와아~

이 자식아, 뭐라고?

이것이 백작과 기사의 차이? 그런 거였어?

스톱, 스톱! 뼈 맞았어요!

하… 성모님. 쟤를 어떻게 해야 할까요?

원장님, 좀 진정하시고, 이건 제 잘못이 아니라 환경적 문제라고 봐야…

네, 이게 답이죠.

뭔 소리니? 환경이라니.

수녀원에 남자들이 끝도 없이 들락날락하니 어찌 유혹을 끊어낼 수 있겠어요?

탁

필사적

아무 말

금남의 공간

좋아. 마틸다. 그럼 네 소원대로 성 메리 수녀원을 금남의 공간으로 만들어보자꾸나!

에… 딱히 소원까지는….

하지만 원장님, 그냥 일꾼들이야 그렇다 쳐도 목수나 대장장이 같은 기술자들은 어떻게 하죠?

꼭 그런 건 아니죠. 카펜터 씨의 부인도 베테랑 목수라고요. 스미스 씨 딸도 이제 한 사람 몫은 충분히 하고요.

그냥 몇 대 맞고 끝내면 안 될까요?

뭐, 대충 수녀원 밖 장원의 일은 남자들이 하고 안의 일은 여자들이 맡으면….

근데요, 원장님.

서품의 형제

교인 청원

옥수도 하고 대장장이도 하는데 사제도 못 할 게 뭐람?

그래! 여성 사제를 도입하자!

네? 여자가 사제요?

아니… 도입하자고 하셔도….

훗. 뭘 모르시네요. 요즘이 어떤 세상인데.

그러게, 식당 메뉴도 아니고요.

으쓱

요로코롬 해석기관으로 인타-넷에 접속해서 교황청 교인 청원 사이트에 접속하면….

여성의 사제 서품 허용을 청원합니….

뭐야 저거. 무서워.

너무 막 나가잖아.

툭탁

툭탁

여차여차 청원은 급속도로 번져나가고….

#OrdainWomen

50

제자의 조건

교황 성하!
지금 청원 사이트에
교인 청원 20만 명
돌파한 건이 있습니다.
답변하셔야…

그냥
지울까요?

근데
뭐임?

아니네.
교인들의 다양한
목소리에 귀를
기울이는 것 또한
교황의 책무.

에, 청원자는
잉글랜드 성 메리 수녀원
아그네스 수녀원장이고,
여성의 사제 서품을
허가해달라고…

뭣이?!
지금이 무슨
2021년*도
아니고!

엄격   근엄

*지금도 안 된다고 합니다.

이 무슨… 고오얀…
예수님 제자들 중에…
어어딜… 여인이 있었드냐.

축구도 못 하는…
영국 놈들아.

Malum

타닥

타닥

아니, 뭔
예수님 제자 중에
유럽 놈은 몇 명이나
있었다고!

그 훌륭한
제자들은 예수님
못 박히실 때 모두
곁을 지켰겠죠?

하나의 유럽

어쨌든 우리 보편 교회에 여성 사제는 절대 있을 수 없으니! 이딴 주장을 하는 것들은 자동 파문이야! 라고 하셨습니다.

세상의 절반도 품지 못하는 보편이라니, 그게 보편이라면….

자동 파문이 뭐야?

뭐… 자동 차단 같은 거지.

난 언제 풀어줘?

글쎄….

우리 브리튼의 교회들은 로마가톨릭교회에서 탈퇴하겠어요!

BREXIT

一介歐洲*

하지만 원장님, 그건 '하나의 유럽' 원칙에 위배되는 거라고요!

전쟁 나요!

* 일개구주(하나의 유럽)

52

고해

이리하여 두 교황의 사이는 크게 벌어졌고

DEUS
VULT

DEUS
NON
VULT

아그네스 시리즈
그 회장장

대립 교황
아그네스

유럽은 성전의 불길에 휩싸이니
서력 1300년의 일이다.

쟨 또 왜
신났어?

몰라,
적성에
맞대.

…이런 꿈을
꿨는데 말이죠.

이 무슨
불경한….

예지몽일까요?

성모송을
100번, 아니, 200번
외우시오.

중세 교회 여성들의 반란

카타리파나 발도파 등 중세 이단운동은 사실 수도원운동과 궤를 같이하는 부분이 있는데, 기본적으로 이 사람들은 예수와 초대교회 사도들의 삶을 모방하길 원했고, 따라서 청빈을 이상적인 삶의 모습으로 봤다는 점에서 그러하죠. 뭐랄까, 예수님이나 그 제자들이나 청빈한 사람들이었으니까요.

어떻게 보면 영적인 삶과 육체적인 삶을 분리하고 후자를 부정하여 결혼, 섹스, 세속적 삶을 부정하는 이단운동의 모습은 극단적이라고도 볼 수 있지만, 사실 수도원의 삶이란 그것과 참 닮아 있지 않습니까? 그렇게 닮아 있다면 수도원에 들어가지 왜 이단운동을 할까 생각할 수도 있지만, 기성 교회에 비해 이단의 문호가 넓었다는 점이 많은 사람들이 이단운동에 참여한 원인이 아닐까 합니다.

가령 수도원에서 귀족과 평민이 함께 생활하는 문제에 대해 빙엔의 성녀 힐데가르트는 "소, 당나귀, 말, 양이 어찌 한 우리에 들어갑니까?"라고 반문하죠. 이러한 교회의 귀족주의적인 태도는 평민들, 특히 성장하고 있던 도시의 시민들에게 별로 매력적이지 않았습니다. 이들은 자신들을 대변하고 자신들이 참여할 수 있는 그런 교회를 원했죠.

카타리파의 지도자였던 푸아의 에스클라르몽드가 가톨릭 교회와의 종교 논쟁에 참여했을 때, 그녀가 상대측 패널에게 받은 야유는 이 이단운동의 다른 축을 상징적으로 보여줍니다.

"부인, 가서 물레나 돌리세요. 이런 회의에서 발언하는 것은 당신에게 적절하지 않아요!"

의역하면 집에 가서 솥뚜껑이나 운전하라는 얘기겠죠? 여성은 교회에서 조용하라는 이러한 태도는 당시의(혹은 오늘날까지도) 교회가 가진 문제를 여실히 드러내는 것이었고, 이단운동이 누구를 기반으로 성장할 수 있었나를 보여준다고 할 수 있겠습니다.

이단운동은 평민이나 여성들이 설교할 수 있는 기회, 나아가 사제가 될 수 있는 기회를 주었고, 많은 평민과 여성들이 이 운동에 참여하는 계기가 됩니다. 카타리파의 성직자 중 65퍼센트 정도가 비귀족 출신이었으며, 35퍼센트의 귀족 출신 중 69퍼센트 정도가 여성이었다는 알비 십자군 이전의 한 통계는 이 신흥 종교의 두 축이 무엇이었는가를 잘 보여주죠.

Episode 5 **강아지들의 천국**

조과

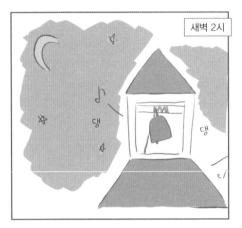

새벽 2시

댕

댕

수녀원의 하루는
아침 예배로 시작됩니다.

아, 해 뜨면 하지
뭘 굳이.

하암

Domini

Nostri

Jesu

Christi

그만 졸아.

in   quo   est   salus

어?

멍!

참을 수 없는 순간

개가 언제 짖는지 알고 있나요?

뭐, 그냥 짖고 싶으면 짖는 거 아냐?

뭔 사회화 덜된 소리야?

뭐래.

배가 고플 때?

도둑이 들었을 때?

뭐야? 반찬 없나?

어?

아니죠.

그럴 때 안 짖는단 말야?

그 정도는 가볍게 참아낼 수 있지. 진정 참을 수 없는 건….

도둑이 들면 짖어야지, 이 화상아….

…다른 개가 짖을 때이죠.

멍

멍

멍

로봇

멍!

세상에 나쁜 개는 없다

어이구, 이게 뭔 동물농장도 아니고….

대체 이게 뭔 난리래?

도대체가 왜 예배당에 개를 데리고 오는 거야?

하지만 우리 강아지는 얌전하다고요.

그리고 강아지를 혼자 두면 정서에 안 좋다고….

네 정서나 좀 챙겨.

하여간, 얌전은 무슨….

어?

멍

야, 조용히 시켜! 동네 개 다 짖잖아!

멍!

멍!!

멍

멍!

멍!!

웡웡!!

NO DOG ZONE

그리고 며칠 후

어? 뭔 일이야? 대성통곡?

으아아 아아앙

꺼이 꺼이

에, 그게…

?

뭐야, 아직도 우는 거야?

야! 설마 삽으로 때린 거야?

이제 급기야 강력 범죄까지…

아니거든! 애는 안 때려.

그게, 이디스네 강아지가….

세상에….

마틸다.

…잘 묻어줬어.

강아지들의 천국

돼지 재판

우리 동네에 돼지치기 존이란 애가 살았는데

어느 날 돼지우리에서 존이 사라져버렸지 뭐야.

꺼억

힐, 돼지가 잡아먹은 거야?

들어봐. 그래서 시장님이 재판을 소집했다고.

돼지 주인은 돼지를 구하려고 변호사까지 쓰고 난리였다니깐.

존경하는 재판관님, 제 의뢰인이 사람을 죽였다는 직접 증거는 없단 말씀이죠.

결국 돼지는 유죄가 인정되어 목이 매달렸지.

제길, 너네도 돼지 먹잖아. 난 사람 먹으면 안 되냐?

그러하듯 세상에 나쁜 동물은 있다는 거지.

사형당할 정도로.

돼지도 좀 불쌍…한가?

불쌍한 존.

그 돼지를 먹으면 식인이려나?

세상엔 나쁜 개도 가끔씩 있기도 한 것 같기도

오피셜

비공인 설정

눈치를 마시는 새

강아지를 사랑한
에글런타인 수녀

오늘날 애완견의 몇몇 품종은 그 유래가 중세까지도 올라 갑니다. 중세 유럽인들도 강아지를 키우는 문화에 빠져 있 었던 것이죠. 남자 귀족들은 사냥을 하기 위해 개를 길렀고, 여자 귀족들은 무릎에 올려놓고 데리고 놀 개를 키웠죠. 서 민들도 쥐를 잡거나 경비를 서거나 양을 치거나 등등 다양 한 이유로 강아지를 찾았습니다.

오늘날과 같은 강아지 윤리(절대 때리거나 잡아먹지 않는다)는 없 었던 것으로 보입니다. 가령 《캔터베리 이야기》에는 애완 견을 데리고 다니는 에글런타인 수녀원장이 나오죠. 그녀 는 강아지를 아꼈고, 남자들이 강아지를 막대기로 때리자 슬피 울었다고 언급됩니다. 즉 길 가는 강아지를 막대기로 때리는(그것도 수녀원장의 강아지를!) 사람이 종종 있었다는 것 이죠. 혹은 아시시의 프란체스코와 관련하여 전해지는 이 야기는 더 노골적인데, 그는 길 가다 강아지를 장에 팔려는 사람을 만납니다. 애완견 분양을 위해서가 아니라 잡아먹 기 위해 팔려 나가는 강아지를 불쌍히 여겨 성인은 겉옷을 벗어 그 강아지를 구입하죠.

프란체스코 성인이 이렇게 강아지를 예뻐하셨거늘, 중세 수도원에서는 강아지가 정신의 고요를 해치고 식량을 축낸 다는 이유로 멀리하기를 권장했습니다. 그럼에도 불구하고 에글런타인 수녀원장의 사례를 보면 알 수 있듯이 다들 잔소리를 무시하고 키웠던 것이죠. 강아지는 귀여우니까요.

the Nonnery Tales
by ghoal Gee

프롤로그

나의 스승 윌리엄 수사님이 링컨셔의 수도원을
감찰하는 임무를 맡은 지 어언 석 달….

성 메리
수녀원….
1년 만이군….

거의 다
왔군요.

평화로워
보이는 수녀원이군요.
그간 칙칙한 형제님들
아귀다툼에 지친 영혼을
쉬어 갈 수 있을 거
같고….

무슨 소리냐?
아드소!

깜놀

하지만 작은
시골 수녀원이잖습니까?
대단한 부정부패가 있을 거
같지도 않고, 마음씨 착한
수녀님들이 무슨 살인
사건이라도
저지르겠어요?

이 녀석 아드소.
겉으로 보이는 것만으로
판단해서는 안 된다고
했거늘 그런 애매한 마음을
가지고 저곳에
들어갔다간….

목숨을 잃게
되느니라.

음…. 1년 전의
아픈 기억이….

에엣? 목숨?
너무 나가신 거
아녜요?

작년에 무슨 일이?

1년 전

감찰 방문은 도착 후 식사 대접을 받으면서 시작됩니다.

보르도산 레드와인입니다.

식사나 식기의 상태로 보아선 재정엔 크게 문제는 없어 보이는군.

그리고 수녀들과 개별 면담을 해서 애로 사항을 듣는데

자, 그럼 원장님. 한 명씩 이리로 들여보내 주시죠.

아, 잠깐, 수사님. 그에 앞서…

네?

수녀들이 어리고 경험이 부족해서 할 말 안 할 말 가리지 않고 쓸데없는 소리를 하는 경향이 있사오니….

걸러 들으세요.

하하. 수도원 면담도 못지않게 수다스럽답니다. 걱정하실 거 없어요.

뒷말이야 다들 좋아하니.

수다 정도가 아니라 아주 날조와 선동이라고요.

독사 같은 것들입죠.

그렇게까지 말씀하시니 더 의심스럽군요. 성모님께 맹세코 모든 이야기를 가감 없이 들어야겠소이다.

아니… 저희도 저희지만 수사님이 걱정되어서….

아이고, 형제님. 맹세까지 할 거까지야….

71

면담

면담 10분 차

원장수녀님은 하숙 온 귀부인들은 식사에 초대하면서 저희는 쏙 빼놓더란 말이죠.

오호

너무해요.

면담 30분 차

밥이 너무 맛이 없어요. 급식 비리가 있는 거 아닐까요?

그야 영국이니까.

마틸다가 말이죠. 장신구를 빌려 가서 안 돌려주는 거 있죠? 이거 공론화 해야겠죠?

아뇨, 그냥 사담화 하셔도….

면담 2시간 차

지난달에 수전이 제 귀를 때렸어요!

원장님은 잔소리가 너무 심해요.

아델은 포도주 맛을 점검해야 한다고 너무 마셔대요. 자기가 소믈리에라도 되나.

요새 보그가 너무 안 나와요. 주교구에서 좀 힘을 쓰셔야….

푸쉭

면담 ∞

마더 아그네스는 마틸다를 너무 편애해요. 고것이 사지 멀쩡히 살아 있는 게 그 증거죠.

콜렛은 아침 일과를 자주 제껴요. 아침잠이 많은 듯….

아… 성모님. 함부로 맹세를 한 점 죄송하게 생각하고 있습니다만, 이제 용서해 주시면 안 될는지요?

그렇게 나는 귀의 건강과 앞머리를 잃게 되었던 것이지.

엣? 탈모는 유전 아닌가요?

이상동몽

어쨌든 작년에 무진장 깨졌으니….

나의 소중한 영성이!

아주 역대급 잔소리였죠.

그렇죠.

올해는 서로 입을 맞춰서 나쁜 얘기는 아예 안 나오게 합시다!

뭐, 저희도 잔소리는 싫으니까요.

불만 사항은 맞짱을 뜨건 우리끼리 풀자고.

이건 너무 대놓고 조작….

그래서 올해는 어쩌죠? 작년에 있던 불만이 올해라고 없을 리가….

뭐, 아무래도 적당히 커트해가면서 걸러 들어야지.

뒷머리까지 빠지는 거 아녜요?

진짜 사람 죽었단 얘기만 안 나오면 대충 끊고 넘어갈 거야!

아이고, 스승님. 말이 또 씨가 된다고….

지상낙원

먼 길 오시느라 수고하셨습니다.

교통이 불비해서 송구하네요.

왜, 그 지난번에 수녀들이 좀 그렇다고…. 이젠 이해할 수 있습지요.

네? 천사요?

네? 무슨 말씀을? 저희 아이들이 얼마나 천사 같은데요?

그럼 자매님. 생활에 애로 사항이 있으신지요?

이왕이면 짧고 간결하게….

네? 애로 사항? 그런 거 없는데요?

원장수녀님이 너무 잘해주시고 매일매일이 새로운 신앙의 신비랄까나….

수녀원장 동지의 영도 아래 강성 대수녀원 건설을 위해 전투적인 자세로….

…?

담합

저기, 스승님. 얘기 들은 거랑은 완전 다른데요?

음… 이것은

금방 끝날 거 같아요.

서로 좋은 말을 해주기로 담합을 한 것이군! 얕은 수작질을!

깜놀

ㅂㄷㅂㄷ

왜 그러세요? 빨리 끝나면 좋잖아요.

아드소 이것아. 그래도 주교님께 보고드릴 건더기는 있어야지.

아까는 대충 넘어갈 거라고….

그럼 한번 저 자매에게서 정보를 얻어볼까나?

그렇지만 다들 입을 다물기로 한 거 같은데 무슨 수로….

멀었구나, 아드소야. 그런 얕은수로 진실을 숨길 수는 없느니.

네가 뭘 아냐?

죄수의 딜레마

저희가 밀빵에 고기 스튜를 먹을 수 있는 것도 모두 수령님, 아니, 원장님의….

한데, 원장님께선 마틸다 자매에게 문제가 많다고 하던데….

네? 제가요? 그게 무슨 말씀이죠?

이것은 분명 거짓말…. 그러나,

그러나, 그녀는 이것이 진실인지 알 수 없음이니.

침착해, 마틸다. 이것은 죄수의 딜레마!

ⓐ 아무도 혼나지 않는다.

ⓑ 원장수녀님만 된통 깨진다.

ⓒ 나 혼자 무지 혼난다.

ⓓ 1/n만큼 깨진다.

죄수의 딜레마… 그것은,

뭐였더라?

기억났어!

애매할 때 무조건 배신하면 중간은 간다는 것이지!

그런 거였어요?

음….

*아닙니다.

76

성모님의 수염

수사님! 제게 고급 정보가 있습니다!

그래그래! 하나도 빼놓지 말고 털어놓으시게!

성모님께 맹세코 모두 털어놓겠어요!

인간의 욕심은 끝이 없고

미주알

고주알

흐음….

2시간 후

저기, 자매님. 이제 충분히 들은 거 같소만….

같은 실수를 반복한다.

무슨 말씀예요? 성모님의 콧수염에 맹세코 지금까지 한 거만큼 털 게 남았다고요!

엣? 성모님이 콧수염이 있어요?

어머? 젊은 형제님은 여인을 모르시네요. 수사님 정수리보단 더 빽빽할걸요?

폭풍 전야

환자 바이탈
체크 서둘러!

스…
스승님!

대체
무슨 일이?!
형제님, 수사님께
대체 무슨….

저기
그게
말이죠.

어라? 마틸다.
뭐 좋은 일 있어?

슥-삭

아, 뭔가
고해를 한 번
더한 느낌이랄까?
다 털어놓으니 상쾌한,
뭐 그런 거?

산상수훈

십계

수도원 점검방문의
의미는?

로마 붕괴 이후 서유럽 세계는 분열되어 있었지만 어떤 의미에서는 군건하게 통합되어 있었죠. 바로 로마가톨릭교회의 강력한 중앙집권적 관료 조직이 있었기 때문입니다. 전화도 인터넷도 없던 시절에 어떻게 이 대륙적인 조직을 운영할 수 있었나 하는 의문이 드는데, 이번 에피소드에 나오는 주교(혹은 그 대리인)의 수도원 점검방문을 통해 그 의문이 약간은 해소될 수 있지 않을까 싶어요.

교황청의 명령은 서신 등을 통해 쉽게 아래로 전파되지만, 이 전파된 내용이 교회나 수도원 등에 잘 적용되고 있는지, 혹은 다른 애로 사항이 있지는 않은지 확인하기 힘들죠. 따라서 주교구에서는 교회와 수도원을 점검방문합니다. 수녀원을 방문하면 보통 원장을 면담하고, 많은 경우 개별 수녀들을 각각 면담하였다고 합니다. 이를 통해서 수녀원이 가지고 있는 고민이나 문제 혹은 요구를 취합하여 각각 상황에 맞는 솔루션을 제공하는 것이죠.

전원 면담이라고 하니 듣기만 해도 꽤 피곤한 과정이겠죠? 가령 교육청에서 장학사가 와서 학생들의 불만을 하나하나 듣는 걸 상상해보세요. 아일린 파워 선생이 이 사료들을 보고 남긴 논평이 재미있습니다.

현대의 여학생들은 수녀들의 불만 털어놓기 능력
을 알게 되면 놀라서 얼굴이 창백해질 것이다.

방문 조사를 마친 주교는 이 방문 결과를 종합하여 공문을
두 부 써서, 한 부는 수도원에 보내고 한 부는 주교 기록부
에 남겨두었습니다. 이러한 기록들이 시간적·공간적 한계
를 넘어 대륙적인 조직을 수백 년간 유지시키는 근간이 되
었던 것이죠. 물론 그 기록을 남기기 위해 수많은 수녀원을
돌며 수많은 수녀들의 불만을 들어야 했던 주교의 헌신과
인내도 잊어서는 안 되겠지만 말입니다.
이러한 기록은 의도하지 않은 선물을 후세 사람들에게 남
겨주었습니다. 이 생생한 사료를 통해 후세의 역사가들은
당시의 생활상을 엿볼 수 있게 되었고, '모 수녀가 모 수녀
의 귀를 때렸다'는 사실까지도 짐작할 수 있게 된 것이죠.

Episode 7 **크게 휘두르며**

여름의 시작

아아, 날씨 좋다아.

그러게, 계속 비 오고 흐렸잖아요.

오늘 같은 날은 일하기 너무 아까운걸?

...그러면 안 치냐?

땡땡이나 칠까?

뭐, 그럼 소풍이나 갈까나?

뭐야, 아델. 이 계절에 소풍이나 갈 여유가 있을 리 없잖아.

어라, 네가 웬일로 땡땡이를 다 마다하고.

답지 않게.

답은 스툴볼*이징!

시즌 이라고.

오오.

그럼 그렇지.

아하.

* Stoolball

스툴볼

대부분의 민속놀이가 그러하듯이

스 ㅇ ㄴ ㄹ

스툴볼의 유래는 명확하지 않습니다.

ㄲ ㄲ ㄲ ㄹ

유력한 설에 따르면
서식스 방언으로
스툴*은 그루터기.

이쯤

스툴볼은 공이 그루터기를
맞히느냐

스ㅇ

배트가 공을 맞히느냐의 승부인 것이죠.

부ㅇ

* Stool

경기 규칙

스툴볼의 룰은 단순합니다. 공이 그루터기에 맞으면 아웃을 얻죠.

첫, 휘었나?

부정 투구나 보크는 없었다고 하네요.

퉤퉤

야! 더럽게스리.

* 스핏볼 : 공에 침을 묻혀 변화시키는 부정 투구

그리고 배트로 공을 치면 점수를 얻습니다.

시기와 장소에 따라선 스툴을 여러 개 두고 주루를 하며 득점하는 룰도 있었다고 해요.

크게 휘두르며

어느 유래에 따르면 스툴볼을 처음 시작한 사람들은

에!? 빠던?*

* 배트 플립 : 타격 후 배트를 던지는 행위

소젖을 짜는 아낙네들이었다고 합니다.

가끔 빠던이 머리에 공을 맞히는 것보다 비매너라고 생각하는 사람도 있습니다. MLB에 많죠.

그래서인지 여자들도 스툴볼을 즐긴 기록이 남아 있죠. 중세 여인들의 스포츠에 대한 소중한 흔적이랄까.

야구 공식 수화

"미안. 꼬우면 투수 하든가".

미친놈아!

야구와 크리켓의 조상에 대한 이야기 END.

중세 여성들의 야외 활동

아래는 스툴볼 에피소드의 시작이 된 그림입니다. 실제로 스툴볼인지 다른 지방의 또 다른 볼과 배트 스포츠인지는 모르겠지만 말이지요. 수사와 수녀들이 스포츠를 즐기는 광경이 담긴 그림도 있습니다. 스툴볼과 같은 야외 활동을 여인들이(그것도 수녀들이) 했다는 것은 다른 야외 활동 혹은 격

렬한 육체 활동에서 여성들이 배제되지는 않았다는 걸 뜻하
겠죠?

여성들이 사냥을 하고, 심지어 사냥한 사슴을 해체하고 있
는 모습을 보여주는 그림도 남아 있습니다. 춤을 추거나 말
을 타거나 검을 휘두르는 것은 어떨까요? 물론 말 위에서

검을 휘두르는 것이 일반적인 야외 활동은 아니었을 것입
니다.

다만 재미있는 점은 어느 경우든 여성들은 야외 활동에서
도 긴 치마를 고집한다는 것이죠. 이는 다른 성의 옷을 입
는 것을 금기시하는 종교적인 이유가 작용했던 것으로 보
입니다.

Episode 8 **테루아르**

the NonneryTales
by ghoulGee
based on Eileen Power's Work

오오….

오오오오….

이디스

이디스는 에마 수녀님의 도서관 일을 돕고 있습니다.

자, 토끼는 이런 식으로.

와~ 자매님. 금손!

책을 정리하고 필사하는 일을 배우고 있지요.

잠깐, 이디스.

네?

이거 오자니까 비워봐. 이따 가르쳐줄게.

우와, 책임수녀님. 라틴어도 할 줄 아세요?

뭐, 곧 너도 배울 거야. 나도 후임 만들고 죽어야지.

다른 자매님들도 있잖아요.

어려워 보이는데.

뭐, 그것들은 쓸모가 없었지.

….

콜렛

콜렛은 양모 관련 일을 합니다.

사람을 많이 만나죠.

올해는 겨울 양모에 좀 더 비중을 두는 걸로.

목초지에서 소작하는 양치기들로부터 양털을 모으고

털을 고르고 실을 뽑는 마을 사람들을 관리합니다. 이 일은 많은 사람들이 달라붙는 중요한 사업인데.

요크셔에서 가져온 건데 이 정도 굵기면 가격을 두 배 쳐드리죠.

왜냐하면 양모와 양털실은 도시나 멀리는 플랑드르와 이탈리아까지 팔려 나가는 인기 상품이거든요.

음. 견본으로 두고 가시겠어요? 우리도 충분히 가능할 거 같은데.

수녀원, 나아가 잉글랜드 왕국의 중요한 현금 수입원이기 때문에 중요하다고 할 수밖에 없어요.

내가 먹여 살린다고 할 수 있지. 이 수녀원.

건방 떨지 마.

그쪽 파트 막내 주제에.

으쓱

이 뭔 분위기…. 급 사내 정치?

아델

와인은 성체 성사에 빠질 수 없는 것이라

성 메리 수녀원에서도 포도를 기릅니다.

이쯤 →

아델은 농부와 포도를 기르고

포도를 와인으로 만드는 일과 더불어

와인의 부족분을 메우기 위해 보르도산 와인을 사들이는 일을 합니다.

이쯤 →

왜 성사에는 보르도산 와인을 쓰지 않죠?

그야 우리가 직접 키운 포도로 만든 와인을 주님께서 더 기뻐하시니까.

뭐, 영국 와인을 기뻐하실 분은 주님밖에 없지.

맛없어.

이것들이.

연회에 내놓긴 좀 그렇잖아?

마틸다

마틸다는 아무것도 안 합니다.

뭣이?

뭐, 제대로 적응하는 일이 없었다고 하죠.

가끔 일손이 부족한 곳에 허드렛일을 돕는 정도?

뭐, 그것도 사실 큰 도움은 안 되는 편이죠.

뭐야! 나도 분명 맡은 역할이 있다고!

너희, 생산이나 분배도 중요하지만 소비도 중요한 경제 요소인 건 알고 있겠지?

생산

분배   TRINITY

소비

와하하, 이 그림 재밌어.

뭐라 쓴지는 모르겠지만.

아무리 생산이 잘 이루어져도 소비되지 않으면…

소비하지 마!

얇고 튼튼해.

실뜨기에 좋겠어.

오오 오오오.

석양이 지는 보르도의…

93

블라인드 테이스팅

인정하기는 싫지만
마틸다는 소비에 재능이 있습니다.

자, 이제
마셔도 돼.

ㅇㅋ

음…
이 색조는?

오오….

오오
오오!

남국의 뜨거운 태양이
서쪽으로 기우는 저녁

하루 종일 햇살에
달궈진 자갈 위를
춤추는 레이디?

…약 하냐?

못 그렸어.

적당한 당도에
풍만한 보디. 분명히
보르도 와인이군!
아마 밭은 지롱드강
왼쪽 강둑쯤?

헐. 정답.

우와!
대단해!

뭐, 기본이지.

비교 시음

테루아르

잠깐, 아델.
특별히 널
공격하려는 게
아니라

와인이라는 게
결국 포도가 자라는
토양(terroir)이
중한 거 아니겠어?

맨날 흐리고 비 오는
여기 잉글랜드에서 보르도
와인에 비할 수 있는
와인이 나오는 게
더 이상한 거지.

마치 결혼에
실패해서 여기 수녀원에서
평생을 보내야 하는
우리도 그렇잖아?

마틸다…

수녀원에서
우리가 뭘 할 수 있고
뭘 남길 수 있겠어?

포도가 그 밭에서
벗어날 수 없듯이
와인도 결국
벗어날 수 없는 거지.
그 토양에서.

…

1년 후

다음 해

마틸다, 왜 그렇게 신났어?

올해 포도주들이 들어오는 날이잖아.

이제 묵은 와인들과는 안녕이라고.

요리에나 쓰라지.

보르도 누보랄까.

뭐, 그렇지. 새 술은 새 부대에.

오래 기다렸지?

벌컥

어? 이디스, 그건 뭐야?

글쎄요? 아델 자매님이 가져오라고.

뭐, 맛을 봐줬으면 하는 와인이 있어서 말이야.

링컨셔의 심판

깨달음

마틸다야, 마틸다야. 테루아르란 그런 것이 아니란다.

뭐지? 대체 링컨셔의 폐급 테루아르에서 어떻게 이런 와인이?!

링컨셔엔 비가 많이 오지만 올해는 배수로를 더 촘촘히 그리고 더 깊게 파두어서 물 빠짐을 개선했지.

이야기는 알겠지만 그런다고 나아질까요?

어르신, 부탁드려요. 올해 시험 삼아 한번….

와아, 이래서는 한 그루에 한두 잔 분량밖에 안 나올 텐데요.

뭐, 그만한 가치가 있겠죠.

그리고 올해는 포도나무에 솎아내기를 더 공격적으로 해서 포도 맛을 응축시켰지.

오….

우리는 토양이란 주어진 조건이라고 생각하지만 그 토양도 인간의 노력에 의해 바뀔 수 있는 것이니….

만물 유전이라.

먼진 모르겠지만 대단해!

깨달았구나, 아델!

99

우리의 남은 날

우린 아마 남은 인생을 수녀원에서 보내겠지만, 그게 우리가 남은 인생을 우울하게 살아야 하는 이유는 될 수 없어.

팔자도 토양처럼 바꿀 수 있지.

음….

이디스가 필사하고 채식*하는 책들은 후손들에게 오랫동안 주님의 가르침을 전하겠지. 어쩌면 다른 수녀들이 필사할 멋진 책을 쓸지도 몰라.

The Nunnery Tales

콜렛이 자아낸 양털실은 수녀원과 왕국을 살찌게 하고, 실 잣고 옷감 짜는 요령은 사람들에게 이어져 더 멋진 실과 옷감으로 되살아날 거야.

그리고 마틸다. 너는… 음…. 에….

흠….

…애매하네.

엣? 너무해!

* 아름다운 채색으로 꾸미는 것

100

보르도

중세 수도원은
거대한 생산기구

가끔 잊어버리게 되지만 중세 영국의 수도원은 종교기관인
동시에 거대한 생산기구이기도 했습니다. 농담 삼아 '모 수
도원장과 모 수녀원장이 결혼해서 아이를 낳으면 잉글랜드
왕보다 더 넓은 땅을 가지게 될 것'이라는 말이 나올 정도
로 말이죠. 헨리 8세가 브렉시트…… 아니, 수장령을 내려
영국의 수도원을 폐쇄할 때도 수도원이 큰 땅을 가지고 있
고 많은 사람을 고용하고 있었기에 그 경제적 여파가 클 것
이라고 걱정하는 의견도 있었다고 하죠.

콜렛의 일

영국(왕실)의 상징은 사자이지만, 사실 사자는 영국의 성립에 크게 기여한 바가 없다는 것이 제 의견입니다. 굳이 영국과 떼어놓고 생각할 수 없는 동물 하나를 꼽으라면 역시양이죠. 잉글랜드의 농노들은 많은 양을 키워냈고, 그 양에서 벗겨낸 양모와 양모에서 뽑아낸 양털실을 네덜란드에가져다 파는 것에서 잉글랜드의 제조업과 상업이 싹을 틔우게 되죠.

나중에 자본주의 자체를 잉태하게 되는 이 산업은 여성노동과도 깊은 관계를 맺고 있었습니다. 실을 잣는 일은 여성의 일로 간주되었고, 많은 여성들이 이 일에 종사했지요. 그래서인지 스핀스터(spinster, 실 잣는 사람)는 결혼하지 않은평민 여성의 동의어로 취급될 정도였다고 합니다. 결혼하지 않은 귀족 여성의 이야기를 수녀원에서 찾아야 하듯, 결혼하지 않은 평민 여성들의 이야기 배경으론 어쩌면 양모공방이 적당할 것 같지 않나요?

아델과 마틸다의 일

와인을 병에 넣고 코르크로 봉해서 유통하는 것은 19세기
에 와서야 나타난 방법입니다. 그 이전에는 보통 통 단위로
담그고, 먹을 만큼 단지에 담아 따라 먹다가 남으면 기름
먹인 천으로 입구를 봉하는 식으로 보관하였다고 합니다.
당연히 알코올이나 향 등이 금방 날아갈 테니 오늘날과 같
이 몇 년씩 묵혀 숙성하는 것은 상상도 할 수 없었죠. 따라
서 햇와인이 가장 먹기 좋고 값진 와인이었습니다. 새 술을
새 부대에 담을 가치가 있었달까요?
아황산 첨가도 필터링도 없던 시절이라 맛은 지금의 와인
과는 많이 달랐을 겁니다. 요즘의 내추럴 와인과 비슷할 수
도 있겠네요. 품종도 지금처럼 분화되지 않았을 때이니, 맛
을 보고 품종과 빈티지를 맞히는 블라인드 테이스팅 같은
문화도 없었겠죠. 물론 당시에도 보르도와 같이 와인으로
유명한 동네는 있었기에 미감이 좋은 사람들은 어디 와인

인지 정도는 알 수도 있었을 겁니다. 타 지역의 와인을 원산지를 속여 비싸게 팔거나 심지어 증류한 알코올 원액에 물과 여러 불순물(송진 등의)을 섞어서 가짜 와인을 팔아먹는 악질적인 사례도 종종 있었기 때문에, 맛과 향으로 와인을 구분하는 재능은 의외로 지금보다 실용적인 재주였을지도 모르겠네요.

중세에도 명성이 높았던 보르도나 부르고뉴의 테루아르(terroir, 토양)를 사람들은 와인을 위해 만들어진 땅이라고 이야기들 합니다. 일조량이 높아 당도가 높은 포도가 자라고, 수확기에 비가 적게 내려 당도가 농축되는, 그런 와인을 위한 아름다운 땅이란 것이죠. 하지만 저는 그 말에는 밭의 물 빠짐을 개선하기 위해 어마어마한 길이의 배수관을 심고 햇빛을 더 받기 위해 바닥에 알루미늄 시트를 까는 등 맛있는 와인을 위한 인간의 집념이 잘 드러나지 않는다고 생각합니다.

Episode 9 **Deus Vult**

the NonneryTales

by ghealGee

프롤로그

AD 1300
로마, 바티칸

이는 주님께서
원하시는 바

우리 교회의 모든
수녀원의 자매들은
다음의 회칙을
따를지니.

교황 칙령이야!

교황 보니파시오 8세

모든 수녀들은 예외적인 경우를 제외하고
결코 수녀원을 떠나서는 아니 되며

NO EXIT

세상에!

에엣?
장은 어떻게
보라고?!

모든 속인들은 합당한 사유 없이 수녀원에 들어가거나
수녀들을 방문해서는 아니 되느니.

사람 만나는 데
이유가 어디 있담?

우리 딸
면회는?

폭풍 전야

들었어? 아델?
주교님이 여길
방문하신다고 하던데….

뭔 일이래?

….

….

뭐긴 뭐야,
그 교황 '칙서'
때문이겠지.

세상이 어찌
되려고….

아이들이
많이 동요하는
것 같아요.

무리도
아니죠.

그런
규칙이라니….

애들 불만도
불만이거니와
수녀원 살림이 제대로
돌아갈지 걱정이네요.

사람이 못 움직이니
운영이 잘될 리가….

하아….

어떻게 백작님과
주교님의 '우정'의 힘으로
대충 뭉개고 넘어가도록
설득하시는 게….

뭐, 노력이야
해보겠지만
쉽지는 않을 거
같은데요.

본인이 '우정'의
당사자니까.

주교 방문

웅성

웅성

먼 길 오시느라 고생하셨어요, 주교님.

그래, 잘 지내셨소? 아그네스 원장.

오. 포도주 맛이 참 좋구나. 여기서 담근 거라고?

아유, 칭찬 감사합니다. 주교님.

뭐, 인사는 이 정도로 하고…. 듣자 하니 교황청에서 이번에 온 칙서에 불만들이 많다고?

그야 외람된 말씀이긴 하오나….

항변

서원의 자매들

그야 순결과 청빈 그리고 순종의 서약이죠.

그렇지.

수녀원을 봉쇄함은 너와 네 자매들의 순결함을 지키기 위해서이니 무슨 불만이 있겠으며

픽이나 없겠네요.

수녀원의 살림이 어려워진다고 한들 청빈을 맹세한 너희가 어찌 가난함을 비루히 여기겠느냐?

자, 받아라.

그리고 교회에 순종함은 너희가 맹세한 서약에 충실함이고

또한 내게 순종함은 네 아비와 나의 우정을 위함이니 딸이 그 아비에게 충실함이 아니더냐?

크읏.

DEUS NON VULT

우리는 이런 명령을 따를 수 없어요!

뭣이?! 따를 수 없다고?!

네깟 놈들 따르지 않으면 어쩔 건데?

그럼 이 칙서를 돌려드리겠어요!

교황의 칙서를 던져버린
멋진 수녀들

마지막 에피소드의 시작을 알린 보니파시오 8세는 프랑스 왕과의 마찰로 인해 교황 자리를 잃고 아비뇽유수와 교회 분열의 시작을 알린 안타까운 정치사적 의의를 가지고 있지만, 또한 교회사적으로 나름 이름이 있는 분입니다. 희년 제도를 부활시키고 이른바 'Periculoso(금지)'란 칙령을 선포하는데, 내용인즉 작중에서 이야기하는 수녀들의 외출을 금하고 속인들의 수녀원 방문을 금하는 내용이지요.

나름 속세에 찌든 교회를 개혁하고자 하는 의도였겠지만, 사실 당대의 수도회가 진지하게 종교 활동을 하고자 하는 사람들의 모임이라기보단 결혼 못 하는 귀족 자녀들의 배출구에 가까웠던 상황에서 이런 파격적인 명령은 당연히 어마어마한 반발을 불러오게 됩니다. 그리하여 이 만화의 배경인 1300년 링컨셔의 한 수녀원에서는 주교구의 부제가 전달한 해당 칙령을 수령 거부하는 사태가 벌어집니다. 곤란해진 주교는 수녀원을 방문하여 칙령을 다시 전달하고, 수녀들을 모아놓고 칙령을 낭독하고 엄숙히 지킬 것을 요구하죠.

하지만 수녀들은 "우리는 이따위 명령을 따를 수 없어요!" 라면서 주교의 머리에 칙서를 던져버리는 영국인다운 기행을 저질러버립니다. 그리고 700여 년 후 저는 이 이야기를 읽고 '수녀원 이야기'란 만화를 그려야겠다는 마음을 먹게 된 것이죠.

어찌 됐든, 지금 시대에 수녀들이 교황의 명령서를 수령 거부하고 주교의 머리에 그 명령서를 던지는 걸 상상해보아도 꽤 엄중한 사태일 것 같은데, 하물며 중세에 그런 일을 벌이다니! 그런데 의외로 주동자 네 명의 수녀에게는 참회 고행할 것을 명하는 징계가 내려지는 것으로 그칩니다. 참회고행이란 일정 기간(가령 1년 3개월씩 3년간) 동안 물과 빵만 먹으면서 반성하는 징계인데요, 파문을 당하거나 수녀원에서 쫓겨나거나 하는 것에 비하면 가벼운 처분이죠.

아마 당대에도 교황이 너무했고 수녀들이 좀 그럴 수도 있지 하는 농정론이 있었던 것이 아닌가 싶기도 하고, 그냥 중세인의 사고는 복잡 기괴하니 살다 보면 그럴 수도(주교의 머리에 교황의 칙서를 던질 수도) 있는 것 아닌가 하고 넘어간 것 같기도 하고 그렇습니다. 결국 주교가 '계속 안 받고 버티면 파문이야!' 하고 편지를 보내고, 수녀들이 칙서를 받는 것으로 이 싸움은 일단락이 되죠.

뭐, 그리하여 외출도 못 하게 되고 방문객도 못 받게 된 불쌍한 수녀들은 어떻게 되었을까요? 그 답은 이 책의 뒷부분에서 다시 다루기로 하겠습니다.

2장.
에블린 아가씨의 결혼식

레이디 에블린

1300년의 링컨셔
성 메리 수녀원

아그네스 원장수녀님은
이복동생의 부고를
듣고 잠시 수녀원을
떠났습니다.

그런데 돌아온 원장수녀님은
혼자가 아니었습니다.

얘들아,
별일 없었니?

수줍

어라?
뉴페이스?

아, 얘는
우리 집안 아이인데
당분간 여기
머무를 것이야.

안녕하세요.
에블린 자매라고
불러주세요.

에? 자매?

흠흠.

아! 자매가
아니라 그냥
에블린이라고…

122

관계

그러니까 레이디 에블린이 수상하다?

그렇지. 갑자기 언질도 없이 장례식에 간다더니 친척을 데려온 것이….

친척이래도 원장수녀님이랑 꼭 빼닮았잖아.

흐음. 듣고 보니 그렇네. 조카 아냐? 동생분이 돌아가신 거면.

그건 아닐걸. 이복동생이라 나이 차도 크고 결혼도 안 하셨다고 들었다고.

아!

맞아. 그러고 보니 처음에 자기를 자매라고 불러달라고 말실수를 했다고. 수녀원에 있었던 거 같아.

음. 확실히 뭔가 미심쩍긴 하네.

뭐가요?

예비수녀였나?

수녀원 저널리즘

상담

7년 전

백작님은 여전히* 자식의 혼사에 관심이 많습니다.

아, 우리 사위님은 잘 계신지요?

주님의 신부 우리 아그네스 자매님ㅎㅎ

아빠! 그거 신성모독!

* 〈1장. 수녀원 이야기〉 ep.2 참고

다른 게 아니라 최근에 레스터 백작과 이야기가 잘되어서 라일라와 그 집 아들을 이어주자는 이야기가 되고 있어서 말이지.

누구?

어머, 아그네스 언니!

헐. 대박. 축하드릴 일이긴 한데 저를 부르신 건….

라일라(9)

에블린(7)

라일라를 결혼시키고 나면 이제 그만한 혼처도 없겠거니와 우리 집안도 지참금을 댈 여력이 없을 터.

에블린은 수녀원에 보내 네 곁에 두고 싶은 생각이야. 네 일도 돕고 내 일도 돕게 말이지.

이 늙은이도 참 복이 많지 않으냐? 우리 주님과 언감생심 겹사돈이라니!

아빠, 그러니까 신성모독!

그러다 누가 들어요.

초과 근무

* 〈1장. 수녀원 이야기〉 ep.2 참고

지원

도움 따위 필요 없어

아니 뭐, 너희 마음은 고맙지만 그래도….

도움 따위 필요 없어요!

저도 훌륭한 귀부인이 되기 위한 소양은 다 안다고요!

레이디 에블린?

아니, 왜 다들 첩자질을?

무슨 소리니, 에블린? 다 안다니?

홋. 이런 일도 있을까 해서 수녀원 생활 틈틈이….

이 대사 하고 싶었어.

궁정 로맨스를 읽으며 훌륭한 레이디의 덕목을 이미 다 익혔던 것이죠!

궁정 로맨스으?

그게 뭔… 무협지로 격투기 배우는 소리래?! 미디어를 믿지 마!

쓥…. 생각보다 심각한데?

저게 그 오타쿠인가 뭔가 그거인가?

뭐, 가르치는 보람은 있겠네.

많이 다른가?

과연 훌륭한 레이디의 덕목이란? 그리고 로맨스 오타쿠의 운명은?

레이디와 기사의
로맨스

중세 로맨스 문학은 고결하고 아름다운 레이디와 레이디의 마음을 얻기 위해 물불을 가리지 않는 기사들에 관한 이야기들입니다. 과연 이 이야기들처럼 당대의 기사들은 신을 사랑하고 여인을 존경하는 그런 매너남들이었을까요? 진실은, 이 이야기들은 레이디와 기사들의 현실을 반영하고 있다기보다는 레이디들의 바람을 반영하고 있다고 하는 편이 정확할 것입니다.

가령 궁정연애문학의 열렬한 지원자였던 아키텐 공작 엘레오노르의 경우를 봅시다. 그녀는 남편인 프랑스 왕 루이 7세와 2차 십자군 원정을 떠납니다. 군사적 재능이 없던 부부의 원정은 삐걱삐걱 진행되다가 큰 위기를 맞이합니다. 루이 7세가 원래 십자군의 목표였던 에데사 탈환 대신 예루살렘 순례라는 생뚱맞은 목표를 설정하고 중립 도시였던 다마스쿠스를 공격하는 군사적 기행을 벌인 것이죠.

그 기행에 반대했던 엘레오노르에게 돌아온 것은 로맨스에 흔히 나오는 귀부인에 대한 존중이 아니라 남편에 의한 감금이었습니다. 그리고 그 기행의 결과로 2차 십자군은 실패로 끝나고 부부는 프랑스로 돌아오게 되죠. 부부 사이도 벌어지고 둘 사이에 아들도 얻지 못한 루이와 엘레오노르는 이혼을 하게 됩니다.

돌아온 싱글 레이디 엘레오노르를 기다리고 있는 것은 로맨스에 나오는 귀부인에게 구애하는 기사들이라기보단 그녀를 납치하고 결혼해서 그녀의 영지를 차지하려던 인근의 영주들이었죠. 이러한 위협에서 벗어나기 위해 그녀는 노르망디와 앙주의 영주 앙리와 결혼을 하게 되는데, 그가 바로 그 뒤 영국 국왕이 되는 헨리 2세입니다.

그렇다면 그녀를 위기에서 구한 헨리 2세는 궁정연애문학에서 그러하듯 부인을 존중하고 경배하는 그런 기사였을까요? 뭐, 전혀 그렇지 않았죠. 그는 바람을 피웠고, 엘레오노르와의 관계는 삐걱거리기 시작했으며, 마침내 아들들이 일으킨 반란의 배후로 엘레오노르를 지목하여 16년간 그녀를 유폐합니다.

엘레오노르가 레이디에게 헌신하는 기사들의 낭만담을 널리 유포하고자 한 심정을 어느 정도는 알 수 있을 것 같지 않나요?

완벽한 귀부인이 되는 법(상)
- 집안일 편

강의 시작

안녕하세요!
강사를 맡은 아델
자매입니다.

안녕하세요!
시범 조교를
맡은
마틸다 콜렛
이에요!

1강
완벽한 귀부인이
되기 위한 방법

크윽, 왜
아델은 강사고
나는 조교인
것이지?

억울하면
너도 시집
두 번*
가든가.

뭔가 부하 같잖아.

야, 다 들리거든!
딱 봐놨어, 너네.

* 〈1장. 수녀원 이야기〉 ep.2 참고

1강의 주제는
완벽한 귀부인이 되기
위해 필요한 집안일에
대한 강의입니다.
에, 강의에 앞서…

어수선하네!

그러게요.

에블린
아가씨가 생각하는
귀부인의 집안일이란
무엇인가요?

레이디 에블린의 집안일

집안일…
그것은 마침내
용감한 기사의 구애를
받아들인 레이디는
가정을 꾸리고

아름다운 레이디는
남편의 덕을 칭송하고
사랑을 표현하는 시를 짓고
하프를 연주해요.

그리고 사랑의
결실인 소중한
아이를 돌보고

우쭈

꾸꾸

가족들의 옷에
예쁜 자수를 놓는 것도
빼놓을 수 없죠.

에…
뭐 다른 것도
있어야 하지
않을까요?

레이디는
잡무 따윈
안 한다네.

그런 사소한 건
남자들이 해주는
거죠!

133

오거스틴의 수염

레이디 에블린, 현실은 이야기보다 더 복잡하다고요.

그리고 뭐랄까, 절반쯤은 그냥 취미 생활이잖아요.

치잇

그리고 남자들이 사소한 건 다 해줄 거라뇨.

보통은 남자들 때문에 귀찮은 일들이 잔뜩 생긴다고요!

에? 어째서?!

어째서라니! 으음… 이렇게 된 이상 오거스틴의 수염을 사용하는 수밖에….

콜렛!

ㅇㅋ

뭐죠? 그 털 뭉치는?

냄새날 거 같아….

세상에, 레이디 에블린! 털 뭉치라뇨?!

냄새는 좀 나지만….

맞아요. 우리 성 메리 수녀원의 보물 오거스틴의 수염을!

구리구리

에? 보물요? 그게?

성 메리 수녀원 비긴즈

100년도 더 전에 여기 링컨셔에 오거스틴이라는 영주님이 살았답니다.

영주님은 그분의 아내를 무척 사랑했지요.

문제는 영주님이 다른 여인들도 무척 사랑했다는 점이었죠.

하하하, 내가 정이 좀 많아서….

영주님의 세 번째 바람이 들킨 날 영주님은 주님 앞에 맹세합니다.

주님! 이 수염을 걸고 맹세합니다! 다시는 바람을 피우지 않겠습니다.

제가 맹세를 조금이라도 가벼이 여기면 이 수염과 이 농장을 제 아내에게 바치겠습니다!

오버하기는.

그리고 기적은 일어났고…

자, 이제 됐지? 어?!

어머나, 세상에!

툭

…그렇게 부인께선 농장에 수녀원을 세웠으니 바로 우리 성 메리 수녀원인 것이죠.

그리고 그 수염이 이렇게.

??

엥?

영국 남자

이 오거스틴의 수염의 진정한 힘,

바로 그것은!

덥석

이 수염을 코에 붙이면!

착

악.

뭐야?

진정한 영국 남자의 영혼에 빙의될 수 있는 것이지!

영국 남자
THE ENGLISHMAN

오오오옷, 이 기운은!

빙의? 스탠드도 아니고?!

드디어 상황극을 할 준비가 된 것이에요!

콜렛. 아, 아니, 부인.

왜? 마틸다? 아니, 서방님.

어색

어색

뭐야, 보물이니 뭐니 하더니 고작 상황극 소품? 심지어 어색해!

어머, 저런 디테일이 중요하다고요.

실습 - 기초편

137

실습 – 심화과정 (1)

실습 - 심화과정 (2)

전쟁도 전쟁이지만 남편이 자리를 비우는 일은 생각보단 많죠.

에? 또 언제요?

공무를 보러 자리를 비운다거나

공작님이랑 비즈니스차 사냥을 좀 가야 할 거 같소.

뭔 비즈니스가 죄다 파티에 사냥이야!

환상아!

남자가 큰일 하다 보면 다 그런 거지.

투옥되거나 포로로 잡히거나

저기, 이제 슬슬 몸값 내고 데려가셔야….

너무해!

저희가 어린이집도 아니고.

좀만 더 데리고 계시면 안 돼요?

몸값은 좀 더 드릴 테니….

혹은 죽거나.

잘 부탁해!

….

남자의 일, 여자의 일

이건 집안일이라기보단 관리하고 다스리고… 그냥 남자들의 일이잖아요?

뭐, 지당한 말씀이야.

뭐래, 이 인간아.

남자들의 일이라…. 하지만 아가씨, 우리 중세의 일은 기본적으로다가 가족 비즈니스인걸요.

농부의 아내는 마땅히 농사를 지을 줄 알아야 하고

외벌이가 뭐죠?

상인의 부인은 마땅히 장사하는 법을 알아야 하죠. 남편이 죽더라도 사업을 지킬 수 있어야 하니까요.

아… 이거 다 쓰고 죽어야 할 텐데.

이 양반아, 말을 해도….

HISTORY

혹시 용맹한 왕이 수도 없는 전쟁을 하고

끊임없이 밖으로 돌며 위대한 이름을 떨쳤는데 나라가 망하지 않았다면

왕이 괜찮은 왕비를 두지 않나 하고 우리는 한번 의심해봄 직한 것이죠.

덧 : 레이디력

그러면 로맨스에 나오는 아가씨들이 아름다운 수를 놓는 것은 아무짝에도 쓸모없는 것인가요?

충격

FIN'AMOR

그야 취미 생활로 좋긴 하지만….

아뇨. 그거 꽤 중요해요.

멋?

수놓기에 능하다는 것은 이미 레이디의 덕목을 두루 익히고 남는 여유 시간이 있었다는 증거!

그럼 레이디, 약속의 증표로 손수건을….

아니, 이 문양에 이 기법은! 고수이군!

레이디력이 3만은 되겠어!

즉 훌륭한 자수는 그 자체로 레이디로서의 높은 레벨을 증명하는….

뻥치지 마! 스카우터냐!

143

여성 귀족 영주의 삶

지난번에 이어, 마침내 남편 헨리가 아들 리처드에게 패배하고 사망하면서 엘레오노르는 자유의 몸이 됩니다. 오랫동안 하고 싶은 걸 못 하고 지낸 그녀는 아들이 하고 싶은 일을 마음껏 하도록 뒷바라지를 해주는데, 아들 사자심왕 리처드가 빠져 있던 것은 바로 전쟁이었죠.

그녀는 아들의 즉위 준비로 시작해서, 즉위 후 곧장 3차 십자군을 뛰러 중동으로 간 아들의 빈자리를 채우고, 아들의 신붓감을 구해다 보내고, 자기 영지도 돌보는 등 바쁜 시간을 보냅니다. 아들은 그 성원에 힘입어 중동에서 신나게 전쟁을 하고 십자군 전쟁의 영웅으로 인생의 황금기를 보냅니다. 그리고 십자군 전쟁이 끝나고 그는 귀국 길에 신성로마제국 황제의 포로가 되는 사고가 일어나죠.

오른쪽 그림은 포로로 잡힌 사자심왕의 모습입니다. 영웅호걸도 살다 보면 남의 구두를 핥아야 하는 때도 있는 법이죠. 그녀는 또 노구를 일으켜 특별세를 거두고, 수도원을 털어 리처드의 몸값을 마련하고, 직접 협상까지 해가며 아들의 자유를 쟁취합니다. 그렇게 귀한 자유를 얻게 된 리처드는 새로운 인생을 살지는 않았고, 프랑스 왕과 전쟁을 하러 떠납니다. 그리고 그녀와 리처드의 몇몇 신하들이 언제나 그러했듯 그 빈자리를 채웠죠. 마침내 리처드가 프랑스에서 전사할 때까지 이 뒤처리는 계속되었습니다.

뭐, 죽은 사람은 더 이상 책임질 일이 없지만 산 사람은 그렇지 않죠. 엘레오노르는 새로 즉위한 존 왕의 모후로서 존왕과 필립 2세의 휴전을 위한 결혼(필립 2세의 아들과 존의 조카 딸)을 성사시키기 위해 진짜 노구를 일으켜 스페인에 갔다오기도 하고, 그 와중에 포로로 잡히기도 하고, 협상을 통해자신의 자유를 얻는 등 정말이지 공사다망한 말년을 보내다가 사망합니다.

엘레오노르의 인생은 여성 독립 영주로서 가질 수 있는 지위와 권리, 그리고 여성이기에 그것이 어떻게 억압받는가 (결혼 생활), 또 왕실 여성에게 요구되던 임무(과부 생활)와 마지막으로 그러한 삶을 살던 여성들의 판타지(궁정 로맨스) 등당시 여성 귀족 영주의 삶의 다양한 모습을 잘 보여주고 있다고 할 수 있습니다.

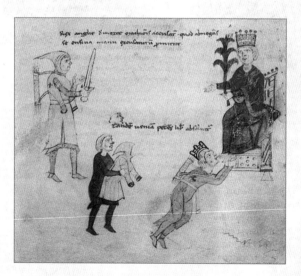

2강 시작

안녕! 제군들! 본관은 완벽한 레이디의 바깥일을 지도할 마틸다라고 한다.

똑바로들 서십니다.

뭔 짓거리야.

불안

불안

뭐지? 이 분위기. 급 연병장?!

왜 나까지….

음… 강의에 앞서…

저기, 근데 완벽한 레이디랑 이게 다 무슨 상관이라죠?

전쟁은 나쁘잖아요!

뭣이?!

쪼끄만 게 뭘 안다고 아는 척이야!

REAL 중세식 훈육

건방진 것.

야!

히피 같은 소리를.

꾹 꾹

146

레이디 에블린의 기사

그럼 강의에 앞서 제군들은 바깥일… 가령 싸움에 임하는 레이디의 자세는 무엇이라 생각하나?

음… 그거야 덕성과 아름다움을 갖추는 것이죠.

사악한 자들의 위협을 받는 고결한 레이디.

바로 그때! 젊고 잘생긴 정의의 기사가 나타나서 레이디를 위해 싸움에 뛰어드는 거죠!

헤헤헤 아가씨, 나랑 놀다 가자고.

꺄악!

잠깐!

한심

해맑

쯧쯧, 본관은 제군들에게 너무나 실망인 것이에요.

으악

숙

숙

사라져!

에엑?!

위협 요소

관상

초급편 : 레이디 니컬라

진짜 그런 게 가능한 거예요?

물론이죠. 당장 여기 링컨 땅에도 한 분 계셨다고요.

여인의 몸으로 전쟁이라니.

옛날, 그러니까 100년 전쯤 영국에 두 형제가 살았답니다.

리처드 플랜태저넷 A.K.A. 사자심왕

인싸 싸움 잘함 호탕함

어?

존 플랜태저넷

아싸 싸움 못함 성격 꼬임

사람들은 보통 리처드를 좋아했지만

당연한 결과지.

크읏

오늘의 주인공 레이디 니컬라 드 라 헤이 (Nicola de la Haye)는 달랐습니다.

안녕! 링컨 성주이자 링컨셔 주장관*인 니컬라라고 하네.

여보야. 성주랑 주장관은 내 타이틀인데….

시끄러워. 우리 아빠 거였으니 내 거지.

＊부인의 작위나 직위는 보통 남편이 대신 행사했습니다.

＊sheriff

그녀는 아싸 존 플랜태저넷의 열렬한 지지자였던 것이죠.

존 왕자님이 한 번이라도 왕 해보셨으면 좋겠어.

너무 불쌍해:(

희대의 인성 파탄 아싸 캐릭터인 존의 솔메이트. 그녀는 과연 막장 인성도 품을 큰 그릇인가 아님 유유상종인 건가 미스터리한 것이에요.

진행이나 해!

인성 파탄 아니거든!

때는 1191년. 리처드가 십자군 원정을 나가 살라딘과 아웅다웅하는 틈을 타 존은 반란을 획책합니다.

까짓것 한판 뜹시다! 형님!

남편은 존을 돕기 위해 존이 거병한 노팅엄으로 떠나죠.

여보야, 몸 조심히 다녀올게!

무슨 출장 가니? 몸이 박살이 나도 이길 궁리를 하라고.

for the king

...너우해.

한편 왕의 섭정은 이 움직임에 즉각 대응하였고

이런 반란군 놈의 자식들!

너희 딱 봐놨어!

그리하여 30여 명의 기사와 20여 명의 중장병(men-at-arms),

뭐, 여자 혼자 지키는 성이 아닌가?

후딱 끝내죠.

그리고 300여 명의 보병과 40여 명의 공병이 그녀가 지키는 링컨 성으로 향합니다.

집에 가고 싶다아.

151

하지만 40여 일의 치열한 포위에도
링컨 성은 무너지지 않았고

연대기 작가
디바이지즈의 리처드는
아래와 같이 기록했지요.

(수성에 있어)
니컬라는 남자답게
행동했고 어느 한구석
여성스럽다고 생각되지
않았….

으악.

아마 두려움에 떨며 성문을 여는 것이
여성스럽다고 생각한 것은 아닐까요?

뭐래?
여자다운 게
뭔데, 이놈아?

결국 공성 측이 후퇴하면서 공방은 마무리됩니다.

여기서 우리
레이디들이 기억해야
할 것이 바로 '존버'*
정신인 것이죠!

상대는
밥 먹고 싸움만 하는
전투 기계 같은 기사들.
하지만 우리 여인들도
용기를 가지고

존버?

John Burr?

견고한 요새에 의지하여 버티고 또 버틴다면
힘에 굴복하는 수치를 피할 수 있는 것이죠!

존 왕자님이
왕이 될 때까지
버티는 것. 그것이
바로 존버.

에?
그거였어요?*

*21세기 초의 유행어로 '존× 버티다'의 준말

*아닙니다.

한편 포위가 풀린 뒤로도 지지부진하던 반란은 리처드 왕이 돌아오면서

저벅

저벅

덥석

저기, 형! 진정하고! 다 설명할 수 있어!

쨍강

깔끔하게 정리되고

아파!

니컬라 부부는 영지에서 물러나는 처분을 받게 됩니다.

여보야, 우리 이제 어쩌지?

어쩌긴.

존버해야지, 이 양반아!

언젠가 존 코인은 떡상할 것이야!

…

결국 몇 년 지나지 않아 리처드 왕이 사망하고 존 왕이 즉위해서 그녀는 영지를 되찾게 되죠.

존버는…

승리한다고!

아그네스 랜돌프 : 응용편

그럼 우리 레이디들은 '존버'만 믿고 가면 되는 건가요?

존버는 레이디의 기본 소양이지만

조금 더 병법을 배워 응용하면 좀 더 아가씨다운 아가씨가 될 수 있는 것이죠.

에 또. 그럼 진도 나갑시다. 때는 1338년, 스코틀랜드….

2차 스코틀랜드 독립전쟁

무슨 콘셉트? 아니, 그보다 지금이 1300년인데….

예나 지금이나 불만이 많은 스코틀랜드 놈들은 그때도 반란 삼매경에 정신이 없었던 것이에요.

이상한 놈들.

뭔 설명이 그 따위야!

FREEDOM!

반란의 깃발을 올린 던바 성에 솔즈베리 백작 윌리엄 몬터규가 이끄는 2만 명의 우리 잉글랜드 군이 진군하죠.

베릭 공성전이나 할리던 언덕 전투 등에 참전했던 베테랑이지.

식후 간식엔 스카치가 딱이야.

한편 남편 패트릭 던바를 대신하여 성을 지키던 사람은 그의 부인인 아그네스 랜돌프 백작부인.

레이더라도 달렸나. 남편 없는 성에는 아주 초파리처럼 꼬인단 말씀이야.

자연 발생인가 뭔가 그거인가?

솔즈베리 백작은 투석기를 동원하여 바위를 날리며 전투를 시작합니다.

대세는 화력! 시골 놈들에게 하이테크의 위력을 보여줘라!

오라이!

그렇게 한바탕 바위가 휘몰아친 뒤 일요일.

War 워 라 뱊 Life

안 지켜질 때도 있지만 안식일엔 전투도 쉬죠.

아그네스는 시녀들과 수건을 들고 성벽을 닦는 퍼포먼스를 합니다.

저… 저게 뭔 짓거리지?

음… 잉글랜드 군의 투석기 따위 성의 얼룩밖에 안 된다는 뜻 아닐까요?

뭣이?!

열이 바짝 오른 솔즈베리 백작은 암퇘지(sow)란 충차를 성문으로 굴립니다.

가라! 암퇘지!

둘둘둘둘

스코틀랜드인들은 받은 것은 꼭 돌려드리거든요.

알뜰한 농성자들은 투석기로 날아온 바위를 떨어뜨려 충차를 제압했죠.

치사해서
이 수는 안 쓰려
했더니….

머리(Moray) 백작
존 랜돌프
(아그네스의 오빠)

이런 수가
먹힐까요?

뭔 소리야.
여자들은 정에
약하다고.

네가
뭘
아냐?

자, 레이디 아그네스!
당장 성문을 열고
백기를 들지 않으면

인질의 목을
매달아 버릴 거예요!

발톱도 뽑을 거예요!

미안하다!
동생아.

뭐, 그러시든가.

네?!

뭐….

오빠가 죽으면
머리 백작 자리도
내가 계승받겠네.

으…
징한 것.

동생아!
뭘 하는 짓이냐?

작위를
계승 중이지요.
오라버니.

이것이 중세인
것이에요!

결국 인질극도 흐지부지되고

마침내
5개월간의 공방
끝에 잉글랜드 군은
철수합니다.

시무룩

프리덤!

못난
후손들….

157

플랑드르의 잔 : 심화편

정리하자면 우리 레이디들은 수성의 스페셜리스트가 될 필요가 있어…. 앗?!

필기 필기

정리는 일러!

잠깐

하지만 최선의 수비는 공격이란 말도 있듯이….

이번 시간엔 화려한 공격의 레이디! 플랜더스의 조애나 공작부인에 대해 알아봐요.

Jeanne de Flandre

요 콩만 한 영국 것아.

플랑드르의 잔이야.

때는 1341년, 후계 문제로 동란이 벌어진 브르타뉴 공국, 조애나의 남편은 공작 자리를 쟁취하기 위해 전쟁에 나섭니다.

내 반드시 임자를 공작부인 소리를 듣게 해주리라.

우리 남편 파이팅!

기세 좋고!

그런데 얼마 안 되어 프랑스 군의 강력한 군세 앞에 남편은 포로로 사로잡히죠.

?

너무 빨라!

기세만 좋았어….

엥? 그럼 게임 세트 아니에요? 작위 요구자가 붙잡힌 거면….

평범한 레이디였다면 마음이 꺾일 수도 있었겠지만 그녀는 달랐죠.

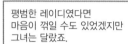

남편이 잡혔으니 모두 끝났다고 생각할 터.

스윽

그 생각, 내가 뒤집어 주지.

주섬   주섬

그리하여 그녀는 직접 군대를 일으켜 헤네본트* 성을 점거합니다!

엔봉 이거든?

여성들이여! 스커트를 자르고 무기를 들어 스스로를 보호하라!

오오옷! 이것이 그 걸크러시인가 뭔가 그거임?

삐딱 하기는.

…라지만 결국 본인 집안일 땜에 애꿎은 내 스커트가….

뭐, 좌우지간 성이 포위될 텐데 그냥 앉아서 당할 수도 없으니….

* Hennebont

159

한편 성에서 적진을 살피던 조애나,

잔이야.

적진의 경계가 허술함을 발견합니다.

이놈들이.

마, 보초 똑바로 안 서나?

나으리, 레이디는 수성밖에 못 한다고요.

만화에 나와요.

그녀는 곧바로 300명의 기병을 소집합니다.

적의 빈틈을 보고도 넘어가면 예의가 아닌 법!

거기에 300이라니 길한 숫자가 아닌가!

오오! 스파르타!

저기, 300은 길하지 않다고요. 스파르탄들은 테르모필레에서 전멸을….

뭐야? 너 전공은?

네? 사학과 인데요?

재수 없는 역덕 녀석, 넌 여기 남든가.

고증 오류나 찾으라고.

네? 같이 가요!

뭐야, 역덕 자식. 왜 이런 곳에?

그게 취업이 안 돼서 그만….

그렇게 299명의 기병은
적의 빈틈을 찔러 진영을 불바다로 만들고

스파르타!

활활

으악!

아파!

따가워!

이 활약으로 그녀는
불꽃의 조애나라는
별명을 얻… 으악!

불꽃의 잔*
이거든!

* Jeanne La Flamme

한편 적군은 뒤늦게 상황을 파악,
퇴로를 막아버리지만

성으로 가는
길을 막아!

성에 돌아가지
못하면 그저 끈
떨어진 조롱박
신세!

하지만 그녀는 그대로 군을 끌고 브레스트로
이동. 그곳을 장악하고 지원군을 모아 성으로
돌아오는 저세상 기동을 선보이고

《손자병법》의
〈허실〉 편을
추천합니다.

브레스트

헤네본트

빈틈은 치고
강한 쪽은
피하는 거죠.

마침내 잉글랜드의 원군이 올 때까지
성을 지켜낸 것이죠.

조애나
공작부인!
구하러
왔소!

그러니까
잔이라고,
잔!

161

카노사의 마틸데

중세 유럽의 여성 군략가를 몇 명 알아보는 김에 제가 꼽는
중세 최고의 여성 군략가도 한 명 알아보고 가기로 하죠.
토스카나 변경백, 카노사의 마틸데가 바로 그녀입니다.

카노사의 마틸데의 인생은 그 숙적 신성로마제국의 황제들과 분리할 수 없을 것입니다. 그녀의 가문은 오래도록 알프스 이남에 영향력을 미치고 교회의 독자성을 침해하는 독일인들에게 맞서 왔습니다. 그리고 토스카나 변경백이던 그녀의 아버지가 암살된 상황에서 마틸데의 어머니는 어린 아들의 변경백 자리를 지키기 위해 로렌 공작과 재혼을 하게 되는데, 문제는 로렌 공작이 신성로마제국 황제 하인리히 3세의 정적이었다는 것입니다. 이 틈을 노린 황제의 공격으로 마틸데의 가족은 감금되고, 그 와중에 어린 토스카나 변경백이 사망하고, 어린 마틸데가 토스카나 변경백 자리를 이어받게 됩니다.

집안을 풍비박산을 내며 신성로마제국 황제 집안과 인연을 맺은 마틸데. 오랜 기다림 끝에 그녀에게 복수의 기회가 찾아옵니다. 하인리히 3세의 아들 하인리히 4세가 서임권 투쟁 과정에서 교황에게 파문을 당하고 여러 제후들의 반란에 시달리며 핀치를 맞게 된 것이죠. 하인리히 4세는 이 상황을 타개하기 위해 이탈리아로 이동, 카노사 성에서 교황에게 무릎을 꿇고 용서를 빌게 됩니다. 이른바 카노사의 굴욕이란 상황이죠.

다음 장의 그림에선 무릎을 꿇은 황제 앞에 마틸데가 앉아 있고 교황이 그걸 옆에서 보고 있지요. 실제 상황이 그렇지는 않았더라도 적어도 사람들에겐 토스카나 출신의 교황의 비선 실세는 토스카나 변경백인 마틸데였다고 인식된 듯합니다.

하인리히 4세는 만세에 남을 굴욕 인생샷은 남겼지만 그래도 무릎을 한 번 꿇어줘서, 교황과 교황의 충신을 자처하던 토스카나 변경백과 남부의 노르만인들을 반황제 진영에서

이탈시킵니다. 그리고 고립된 독일의 반란군들을 진압하고, 결국 다시 교황을 공격하여 새 교황을 세우는 화려한 행보를 보이며 부활합니다. 카노사의 굴욕 다음 장에는 이러한 반전이 있었던 것이죠.

하지만 우리의 마틸데의 전쟁은 여기서부터 다시 시작이었습니다. 교황은 폐위되었지만 그녀는 굴복하지 않았거든요. 신성로마제국과 토스카나 지방 변경백의 싸움은 체급 차가 심하지만 그녀는 1) 황제는 독일 내외에 적이 많고 전력을 투사하기 힘들다 2) 토스카나는 아펜니노산맥을 끼고 험준한 지형과 잘 축성된 요새들을 갖추고 있다는 점을 숙지하고 큰 그림을 짭니다.

그리하여 황제가 공격하면 막고, 뚫리면 산으로 피하고, 물러나면 주위 황제파 거점들을 공격하고, 이런 식의 소모전을 펼칩니다. 총력전의 시대는 아니라 이렇게 싸우다 또 소강기를 맞고 또 잊을 만하면 다시 싸우는 전쟁이 수십 년간 이어지죠. 총력전의 시대는 아니었지만 이 사람들이 전쟁에 진심을 다하지 않은 것은 아닙니다. 마틸데는 전쟁을 하는 틈틈이 동맹을 얻기 위해 약 25세의 연하남 비만공 벨프와 결혼도 하고 하인리히 4세의 가정불화를 이용하여 황제의 아들과 동맹을 맺는 등 가정사와 전쟁이 분리되지 않는 중세스러운 전쟁에 인생을 갈아 넣었죠.

결국 마침내 하인리히 4세는 아들들과의 싸움 끝에 요단강을 건너고, 하인리히 5세가 그녀와 타협하여 그녀에게 이탈리아 부왕의 지위를 주어 그녀의 지배권을 공인하는 판정승을 거두게 됩니다. 그리고 이 타협은 서임권 투쟁에도 분기점이 되어, 마침내 서임권 투쟁에서 교황이 판정승을 거두고 십자군 전쟁으로 이어지는 교황권 전성시대의 시작을 열게 되죠.

그녀의 몰락 또한 참 중세적인데, 그녀는 전쟁하느라 바쁘게 살아서 그런지 후계자로 세울 자식을 얻지 못했죠. 일설에는 마지막 승부수로 영지를 교황령에 넘겨 토스카나와 로마냐를 중심으로 한 친교황 반황제 통일 이탈리아 세력을 형성할, 아마 체사레 보르자가 봤다면 좋아했을 법한 그런 큰 그림을 그렸다고 합니다. 하지만 황제는 이 계획에는 확실하게 딴지를 놓았고, 다시 전쟁을 하기엔 너무 노쇠하고 후계자도 없던 그녀는 결국 포기하고, 토스카나 변경백 영역은 각기 독립하며 해체됩니다.

그녀가 직접 군사를 이끈 기록은 교황 빅토르 3세를 옹립하기 위해 로마로 간 기록밖에 없는데 아마 현장 지휘관의 재능은 없었던 것으로 보입니다. 말을 타고 적을 죽이는 재주가 없고, 군사를 지휘하여 전투를 승리로 이끄는 재주는 비록 없었지만, 전략이라는 큰 그림을 그려 중세의 가장 강력한 군주에 맞서 판정승을 거둔 마틸데를 중세 최고의 여성 군략가로 적어도 저는 평가합니다.

Episode 4 **결혼식 이야기(상)**
- 예나 지금이나

준비

그리하여 시작된 완벽한 레이디가 되기 위한
수행의 나날

이 모포는 음….
플랑드르에서
짠 깃이고요.

인근 최저가는
킹스틴 어폰 힐?

정답♡

어느덧 완성의 날이 가까워오고.

체크메이트.

아가씨,
매너, 매너.
끝낼 때는
G.G.

개쉽네.

헛!

마틸다
자매님은 너무
쉬워서 연습이
안 돼요.

이제
슬슬 아가씨도
준비가 된 거
같으니 다음
단계로 넘어
가셔도….

리겜해요!
아가씨.

네?
다음 단계?
더 있어요?

그야 물론
결혼식이죠.

아델.
딱 한 판만
더….

턱

시끄러,
패배자.

166

초콜릿

결혼식이요? 뭐가 중간에 빠진 거 같은데요?

네? 뭐가 빠져요?

또 뭔 소릴 하려고.

꼬물 꼬물

그러니까 결혼을 하는 두 당사자가 서로를 알아가고 맞춰나가고….

아하.

발그레 그 달콤 쌉싸름한 초콜릿 같은.

초콜릿은 그 신대륙 이루에나.

걱정 마세요. 그건 이미 진행되고 있거든요.

네? 무슨 진행?

난 또 뭐라고.

해맑

아니, 우리가 지참금을 이만큼이나 챙겨 가는데….

서로를 알아가는 중

에이, 그래도 우리가 혼수에도 힘을 썼다고.

뭐, 그 지참금에 걸맞은 영지를 가진 멋진 신랑 아니오?

아침 선물을 보면 그런 소릴 못 할 텐데. 나 삐질 듯.

달콤

에이, 그러지 말고.

쌉싸름 ♥

하여간 능글맞긴.

167

결혼의 완성은 얼굴

네? 이게 끝?
조선 시대도 아니고
아무것도 모르고
결혼하는 거예요? 신랑
얼굴도 못 보고?

오늘의 상식

어딜 보는
거예요?

조선 건국은
1392년.
92년 후입니다,
여러분!

듣고 보니
좀 그런데요?
얼굴도 모르고
결혼한다니.

음…
초상화라도
받아 와야
하려나?

하지만
그림쟁이들은
그림 실력이
없거나

양심이
없거나 둘 중
하나라고요!

PHOTOSHOPED

참고가
안 돼!

오.
그럴듯.

에블린

마틸다

아, 맞다!
그림 같은 거 없어도
신랑 얼굴을 확인할
방법이 있어요!

어?
진짜요?

와아!

예나 지금이나

5월의 첫날 동이 트기 전, 깨끗한 나무 통을 준비합니다.

음... 적당하군.

그리고 로즈마리를 한 웅큼 뜯어다

야! 마틸다, 새벽부터 어딜 가!

아, 엄마! 나 바빠!

한적한 물가로 가서 정성껏 기도를 하죠.

그리고 물을 떠 집에 와서 주문을 아홉 번 외우고 물을 휘저어 보면

Ami, Rebi, Beli~

휘적

그러면 물결에 신랑의 얼굴이!

오오!

아, 그거 나도 해봤는데.

깔깔

주문은 미신이야!

괴담이잖아!

약혼

결혼은 약혼에서 출발합니다.

오, 또 만났네. ♥

보시다시피 신랑 측과 신부 측의 가부장들이 모이면 약혼이 시작되죠.

약혼식엔 결혼 당사자가 올 필요는 없어요. 때론 아직 태어날 필요가 없기도 하죠.

우리 마누라가 임신 중인데 우리 사돈이나 맺을까나?

헐. 우리 임자도 빨리 임신 시켜야겠네.

어쨌든 약혼식에선 결혼에 관련된 사항들을 문서로 남기고

으음… 지참금 관련 약관이…

대충 봐. 못 믿냐?

글자가 작아.

결혼 관련 사항에 합의한 둘은 악수를 나누고

계약 완료.

반지 받아주겠어?

증표로 반지를 신부 측에 줍니다.

결혼식 반지 교환의 원형이라고 할 수 있죠.

으에엑?! 로맨틱하지 않아!

혼인 공지

결혼식이 잡히면 결혼식이 열릴 교회의 문에 혼인 공지(Banns)가 걸립니다.

뭔 내용이죠?

아무개랑 아무개가 결혼하니까 이 결혼이 성립될 수 없는 이유를 아는 자 나서라는 게야.

에? 결혼이 성립 못 할 이유가 있나요?

그야… 결혼에 반대하는 사람은 언제 어디에나 있는 법이니까요.

아니, 신부는 우리 집안과 결혼하기로 이미 언약이 되어 있거늘.

이 결혼 반대일세!

쾅

이 인간은 나랑 애까지 낳아놓고 결혼이라고?!

이 결혼 무효야!

그리고 무엇보다도….

오오… 역시 결혼 전문가.

닥쳐.

영원히 침묵하시오

가장 많은 반대자는 보통 신랑 신부 본인들이죠.

이 결혼!
반대예요!

정략결혼이 많으니 그럴 법하지요?

너희 그냥
사랑하면
안 되겠니?!

이거 받고
다시 만나주게!

얼마면 돼?

이렇든 저렇든
이렇게 몇 주가
지나면 혼인 공지는
떨어지고….

이 결혼이
성립될 수 없는
이유를 아는 자,
지금 나오시오.

아니면, 영원히
침묵하시오.

두두둑

출발

그렇게 결혼식 아침이 밝으면

결혼식을 할 교회를 향해 떠나야죠.

어떤 걸 입고 가야 하려나? 역시 신부라면 흰색이?

보통 집에 있는 옷 중에 제일 멀쩡한 옷을 입고 갔죠. 따로 웨딩드레스가 있지는 않았으니까.

치잇.

흰색은 19세기에나 유행하죠.

보통 선호되던 색상은 젊은 색깔 녹색이나 순결의 상징 파란색 정도?

그럼 모든 준비가 끝났으면 교회로 출발!

뿌우

결혼식

행렬이 교회 문 앞에 다다르고 사제는 부부를 맞이합니다.

어서 오시오.
알아 뵈 하게!

누구?

신부가 이윽고 교회 문 앞에 도착하면

아빠….

또 하나 보내네….

이리 컹.

에, 또.
신랑과 신부는 결혼할 수 없는 사유가 있나요?

네?
사유요?

그러니까 미성년자 라거나.

근친상간…
그러니까 고조부모 대에 겹치는 사람이 있다거나,

성불구…
가령 고자라거나.

도리
도리

음…
너네 진짜로 원해서 결혼하는 거 맞는 거지?

아니, 뭘 이렇게 꼬치꼬치 캐물어요?

사제의 질문이 끝나면 신랑과 신부는 오른손을 맞잡고

나 헨리는 이 결혼 속에 당신에게 내 몸을 주겠소.

…받겠어요.

나 에블린, 내 몸을 그대에게 주겠어요.

나 역시 기꺼이 받겠소.

꼬옥

…눈꼴시어. 받건 말건 알아서 하라고.

울컥

그건 아니지!

야!!

사제는 신부가
낄 반지를
축복하고

신랑은 신부의
손에 반지를
끼워줍니다.

주성주섬

성부와~

성자와~

성령의
이름으로~

나도 반지
좋아하는데….

그리고
신랑과 신부는
교회 안으로
들어가고

하객들도
뒤를 따라
들어가죠.

미사가 끝나고 제단 앞에 부부의 머리 위로 베일을 드리우면
두 사람은 마침내 신 앞에서 하나가 됩니다.

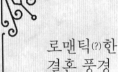

로맨틱(?)한
결혼 풍경

(적어도 게르만 문화권에선) 중세의 결혼에서 가장 중요한 절차는 약혼이었고 '교회' 결혼은 12세기 이후에 교회가 일상생활에 영향력을 높이면서 도입된 '새로운 절차'였죠. 그래서 반지 교환이나 손잡기 등등의 결혼 풍습들은 약혼에서 옮겨 온 것들이 많습니다. 약혼만 있던 시절엔 반지는 신랑이 신부의 손에 끼우던 것이 아니라 신랑 측 가부장의 손에서 신부 측 가부장의 손(혹은 손가락)으로 넘겨졌고, 신랑과 신부가 아니라 두 아저씨들이 손을 맞잡은 셈이죠. 확실히 로맨틱한 분위기는 아니었던 걸로 보입니다.

약혼이 비교적 철저하게 가문 간, 혹은 가부장 간의 합의의 장이었다면, '교회' 결혼은 교회에서 어느 정도 신 앞에서의 '개개인의 자발적 합의에 의한' 결합을 강조했다는 면에서 단순한 절차 추가 이상의 의미가 있다고 할 수 있을 겁니다. 어쨌든 중세의 결혼으로 한국의 예식장 결혼을 돌아보는 것도 꽤 재미있을 거예요. 가령 신부가 아빠나 남성 친척의 인도하에 신랑에게 인도되는 신부 입장이라거나, 아니면 주례가 "신랑은 신부를…" 하면서 이어지는 질문이나 반지 교환, 한국에선 잘 안 하지만 "이 결혼에 반대하는 자 나서시오, 아니면 영원히 침묵하시오."라는 선언도 흔적이나마 중세의 결혼 풍경이 남아 있죠.

물론 중세가 아닌 다른 시기, 다양한 지역의 문화 역시 한국의 예식장 결혼에는 살아 숨 쉽니다. 부케 같은 경우는 신부가 화환을 뜯어 들러리들에게 나눠 주는 독일 풍습에서 이어진 것으로 보이고, 소위 하얀색 위주의 인테리어나 신부 드레스는 빅토리아 여왕의 결혼식에서 영향을 받은 것으로 보이지요. 또 우리는 예와 효를 숭상하니 중간에 부모에게 절도 하고, 다산을 기원하기 위해 서양에선 밀알을 뿌리거나 토끼를 마당에 풀어놓거나 하듯이 우리는 폐백을 하고 대추를 받습니다. 또 부부맞배는 한국 전통혼례에서 온 것이고, 축가나 예식 후의 뷔페는 결혼식 뒤에 이어지는 연회의 전통이겠죠.

이렇게 다양한 동서고금의 문화가 버라이어티하게 펼쳐지는 결혼식을 식사 포함 2시간 안쪽으로 체험할 수 있다니 이 또한 놀라운 일이 아닐 수 없는 것이에요.

Episode 5 **결혼식 이야기(하)**
- 첫날밤 이야기

사람 앞에서의 결합

그럼 이제 결혼이 마무리된 것인가요?

네? 아가씨, 무슨 그런 큰일 날 말씀을!

약혼이 가문들 사이의 결합, 결혼이 신 앞에서의 결합이라면

아직 사람 앞에서의 결합이 남았다고요!

TRINITY

무엇보다도 하객들을 그냥 돌려보낼 수도 없잖아요?

아. 척

그렇죠. 1299년 링컨셔에선 식권을 못 받은 하객들이 폭동을 일으켜…

없었거든! 그런 일!

식권과 주차권을!

뷔페에 육회가 없다고?!

＊진짜 없었습니다.

180

밤은 깊어가고

연회의 밤이 깊어가면

아가씨, 빨리요! 신랑 기다려요!

꺄악.

신랑과 신부의 들러리들이 바빠집니다.

들러리들은 홑옷만 입은 부부를 인도하여

자자! 신부 나가신다!

오오!

침대 위, 첫날밤 의식을 준비하지요.

신부 입장이야!

와! 신부 왔다!

첫날밤 의식 : Bedding Ceremony

T.M.I.

가끔 귀여운 에피소드도 있는데.

한 이야기에 따르면 보헤미아의 어린 신랑 바츨라프와 합스부르크의 어린 신부 구타는

음. 내 몸을 네게 주겠소.

응. 나 받을래.

모두가 지켜보는 가운데 한 침대에 누웠죠.

이제 뭐 하지?

그러게?

내 인형 중에 진짜 예쁜 인형이 있는데 말이야, 갈색 머리가 참 예뻐.

서로의 취미에 대한 T.M.I.를 나누었죠.

나는 사냥매 키우는데 개도 깃털이 갈색이야!

귀여워! 하여간 어린이들.

쿡쿡

에? 그럼 뭘 해요? 침대 위에서?

어… 어? 그… 그야.

183

중세의 안전한 성생활

경건한 사람들

저걸 어기면 어떻게 되는 거예요?

그야…

일정 기간 동안 물과 빵만 먹으며 참회하거나

보속으로 자선에 쓰일 돈을 내거나 하지요.

맛없어.

…근손실이.

아니… 그보다 섹스하는지 안 하는지 그걸 어떻게 알아요?

망측해라.

그야… 신실한 사람들은 고해성사 때 신부님의 질문에 거짓말을 못 하거든요.

뭐, 경우에 따라선 결혼식 당일도 섹스를 금지하는 포고가 있을 정도였으니… 모두가 열심히 지키지는 않았겠죠.

첫날밤인데 그럼 뭐 해?

그러게? 손만 잡고 자나?

황혼에서 아침까지

첫날밤 의식이 끝나면

머엉

들러리들이 마실 것과 요깃거리를 챙겨줍니다.

수고했어.

그리고 신방 밖에서는 밤새도록 파티가 이어지고

아가씨, 이따 가시기 전에 번호라도….

네? 무슨 번호요?

…그러게.

신방 안에서도 밤새도록

뭘 좀 먹었더니 그래도 힘이….

축제가 이어지지요.

어? 어?

덥

덥

아침 선물

그리고 아침이 밝아오면

신랑은 신부에게 아침 선물을 주지요.

아침 선물?! 어떤 걸 받죠?

약혼부터 지금까지 달려온 결혼 절차의 피날레랄까.

특별히 정해진 건 없어요. 형편에 맞춰 주는 거죠.

변변찮지만 새끼 염소라오.

어머나.

암소 네 마리와 우마차요.

자가용으론 말이 더 좋은데.

키는 여기.

강둑 아래 사과 과수원의 권리 증서요.

어쨌든 마음이 중요한 거겠죠?

우왓! 부동산?!

노후 자산

글쎄요. 마음도 중요하겠지만 그보단 내용이 더 중요하다고요.

네? 무슨 내용?

결혼 때 가져온 신부 지참금과 남편의 재산 중 지참금 만큼의 몫 그리고 이 아침 선물이

아침 선물

지참금

지참금만큼의 남편 재산

노후 자산 포트폴리오

남편이 죽었을 때 과부의 몫으로 인정받았거든요.

든든한 노후를 위해서는 지참금을 많이 가져오고 돈이 되는 아침 선물을 받아야겠네요?

와! 결혼하는 건 돈이 되는군요!

보통 부동산은 아들들만 상속을 받으니까….

딸들은 이렇게 결혼할 때 지참금이나 아침 선물을 받지 않으면

제대로 상속받거나 큰돈을 만질 기회가 없거든요.

저기… 그… 진정하시고.

울지 마라.

갑자기 눈물이.

그때 시집만 갔어도.

아그네스의 귀환

에블린 아가씨가 완벽한 레이디가
되기 위한 특훈을 하는 동안

자자
똑바로.

아버님을 만나러 간 원장님이 돌아왔습니다.

아!
언니!

옷!
보스!

보스?

요석들!
잘 지냈니?

그래,
신부 수업은
잘 진행되고
있고?

물론이죠!

지금이라도
당장 동잉글랜드를
평정할 수 있는 최고의
레이디를…

으쓱

짜잔!

평정하지
마!

빠진 부분

베딩 세리머니

부모님이나 친구들이 신혼여행을 따라와 첫날밤을 보면서 축하해준다면 전 아마 평생 트라우마에 시달리겠지만, 어쨌건 당시는 프라이버시의 개념이 지금보단 덜했던 것으로 보입니다. 그도 그럴 것이 단칸방에 온 식구와 돼지가 함께 살던 농민에게나, 경비병과 하인과 시종 등등이 북적북적하던 요새에 살던 사람들에게나 현대인 같은 감각의 프라이버시를 기대하긴 힘들겠죠.

물론 베딩 세리머니는 축하이자 증인을 서는 느낌이지, 라이브 포르노를 보는 의미는 아니었으니 심각한 사생활의 침해는 없었을 것이라 생각합니다. 다만 자손에 민감한 왕가의 결혼이나 특히 신랑이 발기부전의 징후가 의심되는 경우에는 다소 집요한 사생활 침해가 있었던 것으로 보입니다.

예식장 뷔페

1294년 헌팅던셔의 로버트 주얼은 결혼을 하면서

하객들에게 식사 대접을 거부합니다.

뭐, 식권을 안 주겠다고?!

음… 그럼 잔치국수라도?

필요 없어!

그는 재판에 넘겨지고 배심원들은

유죄네.

100퍼센트 유죄네.

유죄야.

네?

그에게 유죄 평결을 내리고 12페니의 보증금을 내고 하객들에게 식사 대접을 하겠다는 약속을 받은 후에야 석방합니다.

예나 지금이나 식권은 민감한 것이죠.

과부산

지참금과 아침 선물을 비롯한 과부산은 레이디의 재테크 핵심이었죠. 그리고 재테크가 보통 그러하듯이 과부산에도 리스크가 따라다녔습니다. 가령 결혼 생활 중 남편은 부인의 과부산을 통제할 권리가 있었고, 그렇다고 해서 함부로 처분할 수는 없었지만 방만한 운영이나 전쟁으로 날려먹을 수는 있었죠. 그리고 남편이 죽고 과부가 되더라도 종종 과부산을 자신의 재산처럼 여기는 상속자들이 가끔씩 있었습니다. 요즘도 늙은 엄마의 재산을 자신의 사업 종잣돈으로 여기는 큰아들이 그렇게 희귀한 케이스는 아니잖아요?

가령 사자심왕의 동생 존은 어떤 이유에선지(알뜰해서겠죠) 몇 년간 형수에게 과부산에 대한 연금을 지급하지 않았습니다. 다른 예로 앙부아즈 가문의 위그 경의 미망인 이자벨은 자신의 과부산을 노리는 장남과 정치 분쟁 끝에 과부산을 지켜냈다고 합니다. 뭐, 모든 엄마가 재산을 노리는 장남에게 약한 것은 아니었던 것이죠.

Episode 6 **죽음이 우리를 갈라놓을 때까지**

the **Wedding** of lady **Evelyn**

by ghoulGee

죽음이 우리를 갈라놓을 때까지

너희가 간과하고 있는 결혼의 요소 바로 그것은….

바로 이혼인 것이야!

네?! 이혼요?!

그래, 죽음! 죽어서만 깨질 수 있다는 게 어떤 의미인지

너희 애송이들이 뭘 알겠니?

이혼이라니 무슨 말씀이세요?! 이제 막 결혼하려는 사람한테!

나 아직 귀 안 먹었거든.

그러게, 너무해!

뭣보다도 분명 지난 편에서 교회에서 신의 이름으로 맺어진 결합은 해체될 수 없다고 했거든요!

죽음이 우리를 갈라놓을 때까지!

으.

쿡쿡

사랑과 전쟁

가령 그렇게 죽고 못 사는 신혼이 끝나고

사내는 다른 여자와 정을 통하기 시작하고,

으아, 최-악.

이혼 사유 아닌가요?

아니.

십계명에 간음하지 말라고.

그런 놈과도 죽음이 갈라놓을 때까지 사는 것이

결혼의 참 무서움인 것이야!

전-혀 이혼 사유가 안 되는 것이지.

그럼 이에는 이! 맞바람으로 가야죠!

흠… 여자의 외도는 확실히 결혼 생활의 끝이 될 수도 있겠구나.

죽음이 너희를 갈라놓을 테니.

K드라마로 가는 거예요!

그게 뭐야?

헐….

세상에.

가정 폭력

혹은 아내를 두들겨 패는 놈이랑 결혼한다고 상상해보라고.

네엣? 그런 놈이 있다고요?

완전 쓰레기 잖아요?!

매를 아끼면 아이를, 아니, 신부를 망치는 법이라고.

있는 정도가 아니라 폭력을 정당한 권리나 미덕 정도로 여기는 놈들이 수두룩 빽빽이 있단 것이야.

• 《장미 이야기》 삽화에서 트레이싱

그런 놈이랑 죽음이 갈라놓을 때까지 산다고? 맞아 죽기 전까지?

히이익.

음… 역시 맞기 전에 먼저 때려야.

죽음이 우리를 갈라놓을 때라….

아, 죽여버리면 될 일이 아닌가!

+1 깨달음

….

197

별거

언니! 남편이 진짜 개차반이면 어쩌죠? 방법 없는 거예요?

뭐, 남편 놈이 신분이 높은 여자랑 바람을 피우거나

그 외엔 불륜도 아니거든.

엑?!

부인을 진짜 심각하게 두들겨 팬 놈들에 한해서 교회에서 별거 명령을 내리기는 하지.

벌써 명령이요?

사형이 아니고?

별거를 하게 된 부부는 따로 살게 되고

뭐가 쳇이야! 미친놈아!

쳇.

남은 평생을 수절하며 살게 되지.

에, 뭐예요? 재혼 못 하는 거예요?

그야 이건 이혼이 아니니까.

난 뭔 죄로?

신 앞에서의 결혼이 장난이야?

그래서 깔끔하게 이혼할 수 있는 방법을 알아보자 이거야.

비장

오오! 그런 수도 있어요?

198

우리는 해답을 찾아낼 것이다

교회법상 이혼은 금지되어 있지만

헤어져!

그래, 끝장내자!

지긋지긋해.

우리는 언제나 해답을 찾아왔지.

이혼을 위한 교회법 스터디라던데?

뭣들 하는 거죠?

찾았다!

유레카!

어머!

뭔데, 뭔데.

봐봐. 가까운 혈족 간의 결혼은 교회법상 인정되지 않는다구!

고조부모 대까지 겹치는 사람이 있으면 근친인 것이야.

꺄악.

우리 귀족들은 정략혼으로 끼리끼리 결혼하니까 웬만하면 겹치겠네.

괜히 결혼할 때 사제가 근친 관계인지 물어보는 게 아닌 것이지.

아하!

남성 클리닉

그때는 또 그 나름의 방법이 있지.

그럼 가까운 친척이 아니면 어떻게 하죠?

그것은 바로….

성.불.구!

화들짝

성?!

불?!

구?!

sex?

그…고자?!

그러니까 그….

쉽게 말해서 발기불능.

아니, 굳이 쉽게 얘기 안 하셔도….

화끈

민망

근데 발기부전인지 아닌지 어떻게 알죠?

오. 역시 전문가!

닥쳐.

좋은 질문이야. 대륙의 사람들은 결혼 후 몇 년 생리가 멈추지 않으면 성불구라고 여기기도 했다던데.

하지만 우리 영국은 촘햄의 토머스란 신학자가 더 뛰어난 판별법을 개발해내서 그걸 쓰곤 하지.

① 남성 성불구로 인한
혼인 무효 요청이
접수되면

촘햄 사람 토머스의 신비한 고자 판별법

* 촘햄의 토머스
12~13세기 영국의
신학자이자 부주교보로 어쨌든
이상한 사람 아닙니다.

② 현명한 여인들(이하 고추 전문가)을
소집합니다.

고추
연구가

고추
평론가

고추
수집가

고추
협회장

③ 침대 위에서 남편에게 '충분히'
성적 자극을 줍니다.

자자, 시간
없으니 빨리
진행합시다.

네?
뭘 진행?

네. 시작
할게요!

자, 일로
와봐요.

흐음.

고추 수확자

④ 성기의 변화를 관찰합니다.

혈액
유입량
증가!

해면체
팽창
합니다!

패턴 적!
발기입니다.

쭈우욱

2.5인치,
3인치,
3.5인치!

길이 증가,
각도,
상승합니다!

흐음…
크기는 아쉬우나
이는 명백한 발기….
판정, 유효!
결혼은 유지….

엄격

진지

잠깐!
기다리시게!

근엄

ㅠ

조물

조물

판정 부적합
결혼 불성립

쾅

과연 협회장님!

나약해!

어리석은 것들.
이런 강직도로 냉엄한 생명
잉태의 임무를 견뎌낼 리
없지 않느냐?

201

다른 방법들

다른 방법으로는 음… 결혼 후 서로 성관계가 없었다거나.

네? 첫날밤은 어떻게 넘겼대요?

그러게?

이혼 사례집

아니면 배우자가 결혼 전에 수도 서원을 했거나.

내 마누라는 하나님의 신부! 그럼 당연히 이 결혼은 무효야!

아니! 어떻게 알았지?

남편을 암살한다거나.

그건 이혼이, 아니… 그 이전에 범죄라고!

헤일로 띄우고 그런 소리 하지 마!

어쨌든 한번 결혼하면 헤어지기는 정말로 어려운 것이니.

탁

휙

혼인성사 무효화 A to

결혼은…

꿀꺽

…결혼은 신중해야 하는 거군요.

202

약혼

자, 에블린, 이제 준비는 대충 다 되었으니 떠나볼까?

네? 어딜요?

곧 약혼식인데 아버님이 말이야…

요즘 애들 신세대인데 약혼식에서 서로 얼굴은 봐야지.

신세대라니… 완전 옛날 사람.

라고 하셔서 말이야.

어머.

와, 잘됐네요.

그렇죠?

신랑은 잘생겼으려나?

어이구, 답답이들. 놀러 가니? 에블린 요것아, 정신 똑바로 차려야 하느니라.

너희도 이제 일하러 가라고.

네? 정신요?

예? 우리 같이 안 가요?

평생의 선택

그러니까
에블린.

이제 곧
아버님과
레스터 백작,
그리고 남편감을
만날 테니,

그렇죠,
언니.

신랑의 인물을
볼 게 아니라
어떤 인간인가를
잘 파악해야
하는 거야.

함부로 덜컥
결혼하면 인생
피곤해지니까
신중하게….

인생…
인 거죠?

덜덜

남은 인생의 이야기

남자가 형편없는 놈이거든 뒤도 돌아보지 말고 나와 버려.

아내에게 폭력이라니? 이 무슨 야만적인….

우리 가문은 엄지손가락보다 굵은 매로 여인을 때리지 않는다오.

에엑?!

아빠가 단단히 화낼 텐데요?

그야 그렇지. 그래도 딸들에겐 은근 약하시거든.

그리고 딸이 맞고 다니느니 욕 좀 받는 게 낫지.

그리고 만에 하나 네가 결혼을 하고 불행에 빠져 있을 때 혼자라고 생각하지는 말렴.

벌거건 이혼이건 내가 다 어떻게든 해줄 테니까. 나 아그네스야.

언니….♥

뭐, 좀 안 풀려도 수녀밖에 더 되겠어?

…그건 좀 악담 아녜요? 수녀라니.

왜, 수녀 인생도 나쁘진 않다고.

FINE

중세 여성들의
진퇴양난

간음에 대한 중세의 처벌은 나름 가혹했습니다. 사실 동네마다 마을마다 중구난방이긴 한데, 채찍질을 하거나 옷을 벗겨서 묶어놓거나 조리돌림을 하거나 이렇듯 현대보다 훨씬 가혹한 룰이 적용되었죠.

다만 무엇을 간음으로 판가름할 것인가에 좀 나사가 빠져 있었던 것으로 보입니다. 여성의 간음은 혈통의 순수성을 손상시킬 수 있는 범죄였지만 남성의 간음은 그렇지 않다

는 이유로 높은 계급의 여성, 특히 유부녀와의 관계만이 간음으로 간주되었죠.

즉 간음을 결혼 당사자들 사이의 신의 훼손 문제가 아닌 가부장의 재산을 침탈한 것으로 간주했다고 할까요? 그래서 게르만 전통이나 로마법에선 가부장에게 간음한 여성과 그 파트너를 살해할 권리가 인정되었습니다. 가령 브라반트의 마리아는 간음의 '의심'만으로 남편 바바리아 공작에게 살해당하지요.

그리고 가정 폭력에 대한 중세의 처벌은 극히 심각한 사례에 대한 예외적인 처벌 규정만 있을 뿐 제대로 된 금지 규정조차 찾기 힘듭니다. 오히려 아내와 아이에 대한 적절한 처벌은 남편의 정당한 권리라는 인식이 지배적이었죠.

JUDGE THUMB.
or__ Patent Sticks for Family Correction. Warranted Lawful !

이러한 낡은 인식은 '엄지의 법칙'이라는 이야기에서 잘 드러나는데, 엄지의 법칙이란 18세기의 영국 판사 프랜시스 불러가 '엄지손가락 굵기보다 얇은 매로 아내를 구타하는 것은 합법'이라고 한 판결에서 유래한다고 합니다. 실제로 그런 판결은 없었다는 얘기도 있지만, 어찌 되었건 당대에 이를 풍자하는 만평이 유행하는 등 논란이 있었던 것은 확실해 보입니다.

이러한 현실은 중세 귀족

여성들이 처한 진퇴양난을 잘 보여줍니다. 결혼을 하면 결혼 제도에서 오는 불합리와 차별, 때론 폭력에 노출됩니다. 그렇다고 결혼을 하지 않으면 지참금 등 재산을 상속받는 기회에서 배제됩니다. 결혼하지 않더라도 가부장의 차별과 폭력에 노출될 가능성은 있다는 것(아빠도 주먹은 있으니까요)과 수녀원에 가더라도 억압과 차별은 따라다닌다는 점을 생각하면 더더욱 진퇴양난이지요.

그럼에도 불구하고 중세의 여인들은 꿋꿋하게 그 속에서 자신의 책무를 다하고, 때론 부당함에 맞서 싸우고, 때론 훌륭한 업적을 남기고, 때론 좌절과 패배를 겪기도 했습니다. 결혼과 결혼 생활의 이야기가 단순한 인생의 축복에 관한 이야기가 아니라, 이러한 억압과 저항과 승리와 패배의 자취를 읽을 수 있는 이야기가 되었으면 좋겠습니다.

3장.
겨울 이야기

수녀원의 돼지들

1300년 2월
성 메리 수녀원

춥다, 추워.
무거워, 추워.
춥다, 무거워.

기다렸지?
요 녀석아?

와, 볼 때마다
쑥쑥 크네.

우리

옛날이야기

그리고 산과 숲에는 우리의 친척들인 멧돼지들이 살았단다.

멧돼지요?

으악.

그래. 멧돼지들은 용감하고 강인한 전사들이었어.

색슨인들은 멧돼지를 잡는 것을 식량을 구하는 것이 아니라

전사의 무술을 연마하는 행위로 여겨 고귀하게 생각했지.

무술 연마한다면서 개는 왜 푸냐?

그래서 다른 사냥감들처럼 화살로 끝을 보지 않고 반드시 무기와 어금니를 맞대고 승부를 가렸단다.

멸종

봄

봄이 오면 돼지치기가 마을의 돼지들을
숲으로 몰고 갑니다.

돼지는 숲의 동물이니까요.

도토리

밤

나무
뿌리

송로
버섯

숲에는
먹을 것이 참
많거든요.

송로버섯은
안 되지 않아?

심지어 돼지는 면적 단위가 되기도 합니다.

성 뒤의 숲은
크기가 어느
정도인가요?

돼지 300마리를
기를 정도라고
들었습니다.

* 13세기 프랑스 기준, 1헥타르에 돼지 1마리 정도로 평가

시골에서 숲에 방목을 하듯
도시에서는 거리에 돼지를 방목하지요.

도시 돼지

엑?! 길거리에 방목을 한다고?

돼지를?

시골 출신

뭐 어때서. 돼지도 키우고 부수적인 효과도 있다고.

도시 출신

돼지가 음식물 쓰레기나 분뇨 같은 걸 청소해준다는 말이지.

쿵쿵

저리 가!

오! 득템.

중세식 재활용 시스템이랄까.

헐. 그럼 돼지 똥은 어떻게 하는 거야?

그런 사소한 문제도 있어서.

돌려 막기도 아니고….

Who cleans the cleaner?

파리와 같은 대도시에서조차

하여, 파리 시내에서 돼지를 기르거나 방목하는 것을 엄격히 금하노라.

이런 공지를 '여러 번' 반복했던 것이지요.

하다못해 똥이라도 치우라고!

파리지앵은 그런 거 안 한다고.

성 안토니 구호소

13세기 중반, 성 안토니 형제회의 수사들이 잉글랜드 왕 헨리 3세를 알현합니다.

대왕이시여, 빈사와 병자를 위한 자선사업에 기부를….

음. 그럼 런던 귀퉁이에 땅을 줄 터이니 알아서들 잘해보시구려.

그리하여 구호소가 세워집니다.

음. 근데 운영비는 어떻게 하죠?

젊은 형제여, 방법이 있다네.

St. Anthony

우리 안토니 성인은 돼지의 수호성인!

거기에 착안한 비즈니스모델이 우리 수도회에 이어져 오고 있느니.

구호소의 수사들은 런던의 돼지 상인들을 찾아가죠.

형제여, 돼지를 좀 기증받고 싶소만.

그 정도면 충분하오.

음. 너무 마르거나 해서 팔 수 없는 돼지라면 좀 드릴 수 있습니다.

성 안토니의 돼지

이렇게 기증받은 돼지들의 목에 방울을 달아

저기, 방울은 왜?

GPS 겸 알람이랄까나.

길거리에 풀어놓았죠.

요 방울 달린 길돼지들에게 밥을 주면 가난한 사람을 도울 수 있다오.

잔반도 처리하고 자선도 하고 1+1 그 자체!

딸랑

딸랑

그리고 때가 되면

저기다! 잡아!

딸랑

아니! 어떻게 알았지?

호다닥

딸랑

그렇게 잔반도 줄이고 돈도 벌고. 공유경제 플랫폼 비슷한 것이지.

과연. 근데 돼지 똥은 누가 치우죠?

관리 책임이 불명확한 것 또한 이 플랫폼의 매력이지.

아하.

겨울이 온다

날씨가 추워지고 숲에 먹을 것이 마르기 시작하면

휘잉

겨울이 온다!

겨울이 오고 있다는 신호죠.

가을걷이도 끝났으니 이제 슬슬 준비를 해야.

그렇지? 겨울이 오니까.

한 해 농사를 끝낸 사람들은 겨울을 맞이하기 위해

모든 성인들의 날*을 보통 겨울의 기준으로 삼죠.

?

준비를 시작합니다.

뭐지? 서프라이즈 같은 건가?

*11월 1일

고기의 날

돼지를 잡고

소시지와 햄과 베이컨을 만듭니다.

겨울을 나고 내년에도 먹을 보존식이 필요하거든요.

빵에 발라 먹거나 죽에 넣어 먹으면

돼지기름으로 라드도 만들죠.

농사일에 필요한 열량이 보충되는 것이죠.

추석이나 추수감사절 같은 풍경이 아닐까나.

뭐, 가을걷이도 하고 돼지도 잡을 때이니

보존식 말고도 평소 자주 못 먹는 생고기 요리도 많이 나오죠.

킁킁

아구 아구

아아, 신선한 고기. 살아 있길 잘했어.

블랙프라이데이

고기뿐이 아니죠.

엥?
고기 말고
또?

당연하지.

돼지는
버릴 게 하나도
없다니까.

아교

돼지털

돼지가죽

약재

지방

돼지 뼈

양초

그렇죠?

이때를 즈음하여 평소에
필요했던 물건도 만들고

어?
뭐 만드세요?

솔이 좀
필요해서.

주사위

돼지털

돼지 뼈

아마 선물도 주고받겠죠.

내년
포도 농사도
잘 부탁을….

아이구,
자매님.
이런 걸 다.

돼지가죽

블랙프라이데이 같은 풍경일지도.

그렇죠?

명절엔 역시
스포츠죠.

나이스 패스!

돼지 방광

꺄악.

영국의 동물들

돼지와 멧돼지에 대한
상반된 대접

멧돼지는 당시에 꽤 평가가 좋은 동물이었습니다. 왕의 문장에 들어가도 어색하지 않을 정도로요. 멧돼지는 중세의 숲과 산에서 만날 수 있는 무서운 맹수 중 하나였고(물론 가장 무서운 건 곰이었겠죠) 싸움을 좋아하고 고귀하게 여기는 게르만인들에게 멧돼지는 고귀한 사람의 사냥감이기도 했죠. 사냥은 귀족적 활동이었지만 그중에서도 멧돼지나 곰과 벌이는 육박전은 더 영웅적이고 더 귀족적으로 간주됐습니다. 영웅적이니까 그만큼 더 위험하다는 뜻도 있죠. 멧돼지 사냥용 창에는 날 아래에 십자 모양으로, 창이 멧돼지를 관통하더라도 돌진을 저지할 수 있는 가로대를 달았습니다. 몸통이 관통되어도 달려와서 어금니로 들이받는 동물은 위험합니다. 따라서 많은 기사와 영주 혹은 왕이 사냥 중에 다치거나 죽거나 했죠. 현대인의 시각에서는 어이없는 죽음이지만 당대에는 영웅적 활동에 걸맞은 영웅적 죽음으로 여겼습니다. 가령 드라마 〈왕좌의 게임〉의 로버트 왕도 중세적 기준에서는 꽤 영웅적인 죽음인 셈이죠.
반면 돼지는 동물 위계에서 밑바닥을 차지했습니다. 더럽고 천하고 하늘을 우러러보지 않고 땅만 보고 킁킁거리며 탐식하는 존재. 아마 유럽도 사막이나 초원 지대였다면 아브라함 계열 종교가 그러하듯 그들도 돼지를 키우지 않았을지도 모릅니다. 하지만 유럽엔 숲이 많았고, 그래서 이들은 돼지를 많이 키웠죠. 괜히 가난한 농부들이 돼지와 함께 산 것이 아니지요. 집이 좁아도 돼지는 꼭 키워야 했으니까요.

돼지는 보통 마을마다 돼지치기를 두어 가가호호의 돼지를 모아 숲으로 데려가서 방목했다고 합니다. 돼지가 평판이 나쁜 동물이라 돼지치기도 급이 떨어지는 직종이었죠. 보통 어린아이나 지능이 떨어지는 사람에게 돼지치기의 일이 주어졌습니다. 경계성 지능인에게 적당한 일자리를 주어 공동체의 일원으로 받아주는 의미도 있겠구나 싶지만, 마을 사람들이 일상적인 교류도 꺼릴 정도로 비천한 직업으로 간주되었다는 점에서 뭔가 마음이 복잡해지는군요.

사실 돼지가 농민들에게 귀중한 단백질과 지방의 공급원이고, 보존 식량을 제공하고, 때론 가죽으로, 때론 뼈로, 때론 털로 유용한 물건들을 제공해주었다는 점을 생각하면 인간이 돼지를 이토록 천시하는 것은 어쩌면 배은망덕한 일이라 할 수 있겠죠.

메리 크리스마스

1300년 12월 24일.

즐거운 성탄 미사, 아그네스 원장님.

메리 크리스마스, 원장님.

즐거운 성탄 미사~

아이고, 이렇게 해마다 성탄 음식 준비를 도와주시고 고마우셔라.

아뇨. 별말씀을. 같이 먹을 건데.

해마다 아이들을 위해 선물도 주시고, 저희가 더 고맙죠.

그러게, 벌써 선물이 뭔지 애들이 어찌나 궁금해하는지.

올해도 멋진 선물을 준비해놨으니 많이 기대해주세요.

티토텀

…라고 장담해놨는데 준비는 잘되고 있는 거겠죠?

짜

잔

뭐, 장난감은 그럭저럭 다 마무리했어요.

사각 사각

어머나, 티토텀* 이네요?

옛날 생각나네.

말고도 인형 같은 것도 있어요.

음… 호즈*랑 주머니 쪽도 아마 잘 진행되고 있겠죠?

음….

뱅그르르

콜렛이랑 마틸다한테 맡겨놨는데… 요새 확인을 못 했네요.

아… 까맣게 잊고….

뭔가 불길한 조합인데요?

툭

* teetotum: 주사위와 팽이의 일종인 장난감

* 겉옷으로 쓰던 긴 양말

227

마감의 풍경

…그런 이유로 확인차 왔는데 준비는 잘되고

괜히 불안

빼꼼

…있지 않잖아! 뭐야, 이 마감 날 분위기는!

그야 마감 날 이니까요.

아, 역시.

그렇지만 콜렛이 이 정도 일정이면 넉넉할 거라고 했는걸요?

그래서 여유 있게….

뭐야?!

아니, 마틸다의 손이 너무 느려서 일정 계산을 잘못한 것이죠.

이 밀고자!

밀지 마.

싸울 시간에 한 땀이나 더 뜨라고 이것들아!

성탄절 코앞에 이 무슨!

랜덤 박스

요인즉 호즈는 대충 끝낼 수 있을 거 같은데 주머니는 도저히 답이 안 나온다 이거지?

끄덕 끄덕

음… 큰일인데.

원래 호즈랑 + 장난감이랑 + 쿠키를

주머니에 넣어 나눠 줄 계획이었잖아요?

그렇죠.

네? 그냥 주머니 없이 나눠 주면 되는 거 아네요?

큰일 날 소리.

주머니가 없으면 난리 난다고.

어, 왜 쟤는 인형이야, 나는 팽이고?

산딸기보다 건포도 쿠키가 더 좋은데.

바꿔 줘요!

그렇죠. 랜덤 박스여야 불만이 없는 법이죠.

꼬우면 좋은 주머니로 뽑든가.

229

쿠키

거기 너, 손이 멈춰 있잖아!

뭐 해요? 여기서 다들? 쿠키 다 만들었는데 맛이라도 좀 보시죠?

한눈팔지 마!

딱콩

악.

올해도 산딸기랑 건포도로 만든 거야?

그렇죠.

어머나, 아델. 솜씨가 해마다 좋아져.

으쓱

…그래서 주머니가 시간 맞추기 힘들 거 같다는 거죠?

음. 이따 다들 달라붙어야 할 거 같은데…. 근데 다른 준비도 해야 하고….

저희도 한 입….

안 돼!

구원자

그럼 차라리 호즈에 선물을 담아서 주면 어때요?

음… 먹을 것도 있는데 호즈에 넣어도 되려나?

뭐 어때요? 신던 호즈도 아닌데.

중세식 위생관념 ←

오오… 제발….

뭐, 그럼 그렇게 할까나?

야호! 프리덤!

아델 최고!

요것들아, 뭣이 그리 신났어?

내년에도 또 이따위로 해라~ 응?

밤마실

그럼 저희도 쿠키 맛 좀 봐도 되죠?

뭐, 그러렴. 아, 마틸다는 마구간에 애들 잘 있나 살펴보고 와서 먹으렴.

큿….

야호!

나도 짬이 있는데 이런 심부름은 막내가 해야….

사고 친 건 생각도 안 하지?

시끄러.

안녕하세요? 마틸다 자매님. 이 밤중에 어딜?

아, 마구간에 애들 준비 잘하고 있나 살펴보려요.

아, 고놈 참 통통하네.

232

Heavenly Peace

무노동 무임금

크리스마스 선물의 시작은?

크리스마스 선물의 전통은 성 니콜라스 축일의 자선 문화에서 왔다고 할 수 있을 겁니다. 성 니콜라스 축일(12월 6일), 크리스마스, 무죄한 어린이들의 순교축일(12월 28일)로 이어지는 이 기간은 중세인들에게 가장 인기 있는 자선 기간이었죠.

12세기 프랑스의 한 수녀원에서 성 니콜라스 축일 전날 가난한 아이들을 위한 선물을 전달했다거나, 쾰른의 성당에서 어린이들에게 특별 간식을 선물했다거나 하는 전승들은 이러한 선물이 오늘날 같은 가족 이벤트가 아닌 교회를 통한 자선의 성격이 강했음을 보여주지요.

그러다 15세기 즈음하여 네덜란드, 독일, 스위스 등에서 부모가 성 니콜라스의 이름을 빌려 몰래 선물을 주는 이야기가 나타나기 시작합니다. 때론 베갯머리에, 때론 신발에. 나쁜 아이에겐 나무 막대나 석탄을 주는 크람푸스 이야기도 이때쯤 니콜라스 이야기와 함께 정립된 걸로 보입니다. 즉 이즈음 해서 성탄절 선물은 교회와 사회의 '자선 이벤트'에서 부모에 의한 '아이를 위한 가족의 이벤트'로 변화한 것이죠.

종교개혁이 일어나고 성인 공경에 시큰둥한 사람들이 많아졌지만 그래도 아이들에게 선물을 주는 성 니콜라스는 인기 있는 이야기였고, 성 니콜라스는 실존했던 가톨릭 성인에서 탈종교적인 이벤트의 아이콘으로 개신교 문화에서도 인기를 이어가죠. 그렇게 12월의 인기 스타 산타클로스가 자리 잡게 된 것입니다.

그러면서 산타클로스는 소아시아의 가난한 처녀들을 구하기 위해 자선을 하던 신실한 기독교인에서, 뭔가 장난감 시장의 거물이자 콜라를 좋아하고 전 인류를 감시하는 초인에, 사는 곳도 북극이 되어버리는 등 많은 이미지 변화가 있었습니다. 허리 사이즈도 늘어났고… 뭐, 만물 유전인 법이죠.

Episode 3 **죄 없는 어린이들의 날**

무죄한 어린이들의 순교축일

1300년 12월 28일
무죄한 어린이들의 순교축일

어?

안녕! 이디스.
좋은 아침!

응?
뭐야?

싸

늘

???

이 무엄한 것!
이디스… 아니,
수녀원장님이
네 친구냐?

고개가
높아!

붙쑥

하아~

마더 이디스,
뭘 모르는 것이
한 실수이니…

마더? 이디스?
…아!

?

?

?

237

자선의 겨울

1300년 11월

이렇게 다과회를 연 것은 다름이 아니라….

다과회? 자가 어딨지?

에일도 일종의 곡차니까.

올해 농사가 흉작이라 우리 수녀원도 자선 활동에 좀 더 힘써야 할 텐데….

에마 자매님?

딱

문제는 불경기라 장원의 소출도 적고 기부도 예년 같지 않다는 거지.

그래서 너희 아이디어를 한번 들어볼까 하는데….

네? 저희요? 아무 생각 없는데요?

맞아요. 예산은 높은 분들이 알아서 하셔야….

뭐, 아이디어 없으면 너희 용돈을 줄여서 마련해 봐야지.

필사적 고민

두뇌 풀가동

238

소년 주교

아, 도시에 살 때 본 건데요.

오, 아이디어!

도시 사람들은 소년 주교라는 행사를 하거든요.

안녕하세요. 주교입니다.

그게 뭔데?

어린이를 주교로 분장시켜서 퍼레이드를 하고 마을을 돌면서 자선 행사도 하는 거죠.

형제자매여! 가난한 이웃을 도웁시다.

뭐야? 주교님이 직접 하면 되는 거 아냐? 뭐 하러 애들을.

그러게.

아니죠. 늙다리들보단 귀엽고 어린 아이들한테 지갑이 열리는 게 인지상정이라고요.

…늙다리라 미안하구먼.

심기 불편

트렌드를 모르시네.

소년 수녀원장

그래서 우리도 소녀 수녀원장을 한번 해보자 이거지?

그렇죠. 귀여운 마스코트 같은 느낌으로다가.

음… 한번 해보지, 뭐.

우리 중에 이디스가 제일 어리지?

아, 저도 도시에 나갔을 때 들은 건데요.

이렇게 소년 주교 행사를 하고 마지막에 무죄한 어린이들의 순교축일 때는

아! 그렇지!

수고한 소년 주교가 하루 동안 진짜 주교 행세를 하며 지낸다고 해요.

일종의 왕 게임 같은 거죠.

왕 게임? 무지 불경하게 들리는데?

뭐… 하루쯤 재미있겠네. 그럼 그것도 해보는 걸로 할까?

아, 그런 얘기가… 오늘이었냐?!

심기 경호

원장의 식탁

음… 식당이라. 별로 내키지가 않네요.

뭐야?

아하!

뺘로통

원장님께서 너희 같은 것들이랑 무슨 겸상을! 방으로 독상 들이라고.

앵?

그럼 맛있게 먹어… 아니, 드세요.

뭐야.

잠깐 스톱, 스톱.

멀뚱

어딜 가는 거야? 원장님이 시중도 없이 식사를 하셔야겠어?

뭐?

뒤집어진 세계

측근 정치

뭐, 그야 그렇다
치고 권위를 세워주려면
너네가 하면 되잖아?
왜 나한테 잡다한 일들을
떠넘기는 건데?

어… 그야.

그게, 아델.
그렇다고 우리가
할 수는 없잖니.

그건 또
먼 소리야?

에이, 사실상
우리가 이디스의
최측근인데.

사실상
비선 실세지.

수녀원장

비서수녀

나부랭이

막내

대충 이런
구도랄까?

장난하냐?!
나도 친하거든!

왜 나부랭이야!

꼬우면
네가 먼저
줄을 섰어야지!

정치는 타이밍
이라고.

꺄악!

244

이인자

자매님들. 디저트로 과일이 먹고 싶은데 말예요.

달달한 게 당기네요.

어?

뭔 개풀 뜯어 먹… 아니, 수녀원장님. 이 겨울에 과일을 어디서 구한다죠?

그게?

인생이 우습나?

흐응, 그런가요? 두 분 중에 더 멋진 걸 가져오는 분에게 비서수녀 자리를 드리려고 했는데.

실망이네요.

뭣이?! 자리가 하나였어?!

아이고, 조금만 기다리십쇼~

건과일이 남아 있으려나?

흐읏 ♥

허둥

지둥

…꼴불견.

충성 경쟁

현재 권력

간만에 평수녀들이 하는 일을 하니 옛날 생각도 나고 좋네요.

엉?

그러게요, 그립네요.

오! 저기 봐! 옛 원장과 그 하수인 아닌가!

오늘의 하이라이트! 과거 권력에게 현재 권력의 쓴맛을 보여주자고!

어디서 여유롭게 짱박혀 있담.

엣-헴! 수녀원장 행차시다!

깜짝이야.

수녀원장님, 안녕하신지요.

이것이 권력의 맛! 짜릿해! 최고야!

아부는 쓰지만 그 열매는 참말로 달콤한 것이군!

247

오늘을 산다는 것

인사는 됐고 수녀원 막내들이 빠져가지고 뭘 하고 있는 게야!

오늘을 위해 막내들이 해야 할 일을 정리해놨지!

일단 화장실 청소랑 돼지우리 청소로 신나는 막내 체험 시작해보실까?

구리구리

구리구리

엑?

뭐야! 이것들이.

야, 이것들아! 뒷일이 두렵지 않냐?

후후훗. 물론 혼나는 것이 두렵지 않다면 거짓말.

오늘만 살 거야?

하지만 어차피 오늘 사고 안 친다고 내일 사고 안 칠 리가 없는 것이 인생!

오늘만 산다

오늘 잡은 기회를 마음껏 남용하는 것이 후회 없는 선택!

무슨 사고 회로야?

내일을 산다는 것

전복적인 일탈의
축제

소년 주교(Boy bishop)는 서구 교회에서 어린이들을 주교로 삼는 행사로, 두 가지 전통에 발을 걸쳐 있는 것으로 보입니다.

하나의 전통은 성 니콜라스 축일 – 성탄절 – 무죄한 어린이들의 순교축일로 이어지는 중세 자선 시즌의 마스코트란 측면에서 찾아야 할 거예요. (중세의 어린이들은 사실 그만한 대우는 받지 못했지만) 어린이는 그때나 지금이나 죄 없는 순수함의 상징이고, 사람들에게 지난 1년을 돌아보며 남을 돕는 마음을 품게 하죠.

다른 하나의 전통은 무죄한 어린이들의 순교축일과 바보들의 축제(Feast of Fools), 카니발 등으로 이어지는 일탈 문화일 겁니다. 무죄한 어린이들의 순교축일에 사제와 복사가 서로 자리를 바꾸고, 바보들의 축제나 카니발에 사람들이 가면을 쓰고 기행을 하는 그런 전복적인 일탈 말이죠.

이 전통을 이해하기 위해서는 중세의 문화 코드인, 소위 '살인 토끼'로 대표되는 '전복된 세상'을 이해할 필요가 있습니다. 즉 사냥당하던 토끼가 사람을 사냥하고, 느림보 달팽이가 말보다 빠르게 달리고, 비천하던 자가 고귀하게 되는 이런 기묘한 풍경이 중세 사람들에겐 인기 있는 문화 코드였던 것이죠.

무죄한 어린이들의 순교축일에는 '소년 주교'로 사회적으로 낮은 위계인 소년이 주교가 되듯이, 바보들의 축제에는 사람들이 가면을 쓰고 교회로 가서 음란한 노래를 부르거나 하면서 일탈을 했지요. 이런 질서의 전복은 사람들에게 일탈을 통한 쾌감을 주고, 나아가 이러한 일탈은 체제에 대한 불만의 열기에 김을 빼는 순기능도 있었을 법합니다. 우리의 탈춤이나 마당놀이같이 말이죠.

하지만 교회는 이러한 전복된 세계의 유머가 맘에 들지 않았는지 소년 주교나 바보들의 축제 등을 금지해나갔습니다. 그렇게 소년 주교나 바보들의 축제는 사라졌고, 공교롭게도 이들이 유머를 몰아내서 지키려고 했던 교회 질서나 사회의 질서 역시 전복되어버렸죠.

Episode 4 **안티오크의 토끼는 수류탄의 꿈을 꾸는가?**

자선

자선을 베풀어 하늘에 재물을 쌓으십시오!

소녀 수녀원장이 흥행에 성공했는지

자, 자! 동전이 짤랑거릴 때마다 가난한 이웃도 도움받고 여러분의 영혼도 구원받는 것이에요!

마을의 가난한 사람들을 도울 수 있게 되었습니다.

힘내세요.

아이고, 고마우셔라.

어? 존스턴 씨?

어?

알뜰한 존스턴 씨

어머! 존스턴 씨! 여긴 가난한 이웃들이 오는 곳이라고요!

있는 사람들이 더하다니까.

아니, 저, 그게 아니라…. 자매님들.

재테크인가 뭔가 그것인가요?

당황

무슨 짓거리야! 사람 무안하게!

딱콩

…

억.

아파.

존스턴 씨, 애들 말마따나 이런 곳에 오실 만큼 곤궁하지는 않으시잖아요? 무슨 일 있으신 거예요?

내 말이.

아, 아델 자매님. 그게 말이죠….

꺼이꺼이

은퇴 재무 설계

저도 이제 나이가 쉰이니 계속 농사를 짓기는 힘들 것 같아 이웃에게 밭을 넘기고 대신 수확의 일부를 받기로 했지요.

역시 노후는 안전 자산인 연금 아니겠어요?

아무쪼록 잘 부탁드리오.

그런데 가을에….

갉갉

갉갉

동쪽 숲에서 망할 토끼들이 몰려와서 올해 수확을 죄다 갉아 먹어버렸지 뭡니까.

엑? 그럼 내 생활비는?!

엉망진창

그야 리스크는 본인 부담이죠.

동쪽 숲

그런 법이 어디 있어요!

사악한 펀드맨들 같으니!

그러게 말입니다. 하아….

그렇다면 하다못해 토끼라도 잡아야죠.

내년도 똑같이 안 되려면.

어허, 큰일 날 말씀을!

그 숲은 어른들 경의 영지.

그곳의 동물 역시 그분의 재산이란 말입죠.

그곳의 토끼에 손끝이라도 댔다간 손모가지가 날아갈걸요.

으아악.

ㅋㅋ

대책 회의

서신

생태계

"존경하는 아그네스 수녀원장님. 보내주신 편지는 잘 받았습니다."

후비적

제 사냥 숲의 토끼를 잡아달라는 원장님의 부탁, 그걸 듣고 전 많은 고민을 했지요. 그리고 그 고민 끝에 외람되나 저는 거절하지 않을 수가 없을 것 같습니다.

?

왜냐하면 생태계에서 토끼는 예민한 고리. 토끼를 남획하면 제 사냥감들의 먹이사슬 균형이 깨지지 않겠어요?

늑대
여우
토끼

"동정심 많은 여인들의 순진한 마음은 안타까우나 숲의 생태계를 지켜야 하는 본인의 깊은 고뇌를 이해해 주시길 바랍니다."

엥? 이러쿵저러쿵 하더니 결국 사냥감 타령?!

뭐야! 사냥이나 하는 주제에!

생태계 좋아하시네.

바드득

고심

음, 어쩐다? 열받지만 문제는 해결을 해야겠고….

그러게요. 뭐 좋은 수 없을까요?

아! 그냥 밀랍을 하죠!

그딴 아이디어에 전구 띄우지 마!

뭐야, 너 그러다 손모가지 잘린다.

안 들키면 되잖아.

음, 수녀의 손모가지야 자르지는 않겠지만.

뭐, 두고두고 약점 잡힐 일이지. 안 될 말이야.

음… 뭔가 아이디어가 떠오를 듯 말 듯….

아, 그럼 숲에 불을 놔서 싸그리….

미친 것아!

딱콩

악

259

좋아! 아이디어가 떠올랐어요!

뭐야, 이 과한 효과는?!

오오!

마틸다! 너는 수녀원 근방에서 토끼를 두어 마리 잡아 오너라.

네? 이 겨울에요?

어, 이 겨울에.

콜렛. 넌 옷 하나 만들 준비를 해주렴.

네? 무슨 옷이요?

나도 내근하고 싶다아~

통통

그리고 아델. 내 어린들 경 부부를 초청하는 편지를 써줄 터이니 속히 가서 전하도록 해라.

네? 저도 외근? 아니, 그거보다 불러서 어쩌시려고….

며칠 후

날씨도 추운데 먼 길 오시느라 고생 많으셨어요.

초대는 감사하오나, 마더 아그네스.

지난번에 말씀하셨던 토끼 이야기라면 제 결단은 확고하다라고….

그런 딱딱한 이야기를 하려고 마련한 자리는 아니니까….

용건 없음 부르지 마!

미친놈. 결단은 개뿔.

디저트

식사는 입에 맞으셨는지요?

정말 훌륭한 식사였어요. 디저트도 기대되는걸요.

그럼요. 특별히 차게 먹는 디저트라 일부러 밖에 준비해두라 일러뒀답니다.

오호. 차게 먹는 거요?

짝 짝

?

어?

실례 하겠습니다.

끼이익

아, 따뜻해.

쌀과 아몬드로 만든 블랑망제 대령입니다.

선물

벌떡

어머나, 작은 자매님. 그 모자는 대체?

네?

세상에.

아, 어런들 부인. 그 모자가 마음에 드시는 모양이군요.

그러게, 정말 귀여운걸요.

저희 자매의 변변치 않은 솜씨인데…. 맘에 드신다면 자녀분 숫자만큼 선물해 드리고 싶군요.

정말이요? 영광이지요.

그런데 말이죠. 저희 수녀원 근방에는 토끼를 찾기가 너무나 힘들어서 말이죠.

네?

헐

그러게, 요새 토끼가 씨가 말라서 말예요.

암요. 동쪽 숲이라면 모를까. 요새 토끼가 다들 어디로 숨은 건지.

동쪽 숲? 저희 남편 사냥터 거기 말인가요?

크윽, 이런 간계를.

토끼 사냥

빤-히

아니… 부인, 토끼를 잡는 건 말이오. 생태계 보호랄까, 먹이사슬이랄까.

….

아니… 그게 꼭 안 된다는 게 아니라.

….

…히익.

우와, 침묵이 때론 더 무서운걸요.

아멘.

뭐, 웅변은 은이고 침묵은 금이라 하잖니.

며칠 후

그럼 하루, 해가 뜨고 해가 질 동안 토끼만을 잡아야 하고

엥?

고오오오

오직 여인들만이 숲에 들어오는 조건으로 사냥을 허락하겠습니다.

뭐, 여자들이 잡아봤자 얼마나 잡을 수 있겠냐는 거죠. 건방지게.

여인들만?

은퇴 이후의 삶

고령화 사회인 오늘날의 한국과는 달리 이래저래 천수를 누리기 힘들었던 중세 유럽에서 은퇴 연령에 도달하기는 어려운 일이었습니다. 특히 평범한 농민이라면 더더욱 힘들었죠. 하지만 어떤 사람들은 은퇴를 할 만큼 오래 살기도 했는데, 그렇다면 더 이상 농사를 짓기 힘들 정도로 나이가 든 사람들은 어떻게 은퇴 이후 생계를 해결했을까요?

그 해결책 중 하나는 가지고 있던 농지를 다른 사람에게 넘기고 해마다 생필품이나 연금 등을 받는 것이었습니다. 오늘날 은퇴자들이 주택 담보로 연금을 받는 것과 비슷한 그림이죠. 그 구체적인 내역 등의 기록을 남기기도 하여 당시 사람들의 식생활 등을 짐작할 수 있기도 합니다.

가령 1294년의 어느 농부는 밀 3쿼터, 보리 2/3쿼터, 콩 2/3 쿼터, 귀리 1쿼터를 받은 기록을 남기기도 했고, 1281년의 어느 과부는 현금과 집을 제공 받는 기록을 남기기도 했죠. 안타깝게 계약을 어겨 노인들을 이삭줍기나 구걸로 내몬 경우도 있었다고 하네요. 아, 노후 보장의 세계란 엄혹합니다.

사냥터를 지키는 자,
숨어드는 자

사냥터를 지키기 위한 영주의 노력은 치졸해 보이기까지 한데, 적어도 노르만 왕조 이후의 영국에서는 이 치졸함이 관철되어왔던 것으로 보입니다.

윌리엄 1세는 잉글랜드를 정복하고 곧 삼림법을 선포하는데, 왕유지에서의 사냥(특히 인기 있는 사냥감인 멧돼지와 사슴)을 금지하지요. 삼림법의 대상은 숲만이 아니라 늪지나 초원일 수도 있었습니다. 농지나 목초지가 아닌 사냥할 수 있는 곳을 모두 포괄하는 셈이죠.

자연 생태계에 깊은 이해를 가지고 있던 중세의 사냥꾼들은 사슴과 멧돼지뿐만 아니라 토끼 같은 작은 짐승의 사냥, 심지어 농지 개간과 나무 베기를 막는 등의 꼼꼼한 규제를 합니다. 숲 인근 주민들의 사냥 도구 소지도 막고, 심지어 사냥에 못 쓰게 개의 발톱을 갈아버리는 등 철저하게 사냥의 가능성까지 규제했지요.

노르만 왕조의 이런 자연보호, 아니, 사냥감 보호는 이전 색슨-데인 왕조 시절이나 동시대의 다른 지역보다 엄격했던 걸로 보입니다. 아무래도 정복 왕조니까 그런 부분이 컸겠죠? 처벌도 나중엔 벌금 정도로 완화되지만 신체 절단이나 안구 훼손, 거세 등이 동원되는 살벌한 내용이었습니다.

사냥 못 하는 거야 그렇다 쳐도 땔감, 돼지 방목 등 삼림은 농민들에게 중요했습니다. 그래서 법을 어기는 농민들이 있었고, 지배자들은 그 무법자들을 잡는 삼림 감독이나 사냥 관리인을 두었죠. 사실 생계를 위해 숲에 숨어드는 사람과 유흥거리를 지키기 위해 숲을 지키는 사람과의 싸움에서 후자에게 감정이입을 하기란 힘든 법이죠. 그래서인지 이 삼림 감독원이나 삼림법은 대중에게 굉장히 인기가 없었습니다. 〈로빈 후드〉와 같은 민담에서 이들이 주된 빌런으로 나오는 것도 쉽게 이해할 수 있는 일이죠.

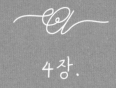

4장.
중세 잡설

Episode 1 **짧은 바지의 역습**

패션의 시대

중세 초기에는 남녀 불문하고 긴 튜닉이 유행했습니다.

"OLD FASHION"

일종의 원피스지요.

따뜻하니 좋긴 한데 뭔가 패셔너블하진 않군.

그러게.

먹고살 만해진 중세인들은 슬슬 패션에 대해 고민하기 시작합니다.

뭐, 조선 시대도 아니고 이렇게 꽁꽁 싸매고 다닐 필요가 있남?

조선 시대는 근세인데.

신이 내려준 아름다운 육체를 드러내는 파격적인 패션이 필요하단 말씀이야!

가령 각선미를 보여준다거나.

과연!

각선미라... 좋은데?

274

각선미의 발견

그리하여 남성의 튜닉 기장이 짧아지기 시작합니다.

오오!

어째서!

각선미++

신이 내려준 아름다운 육체를 드러내는 시대가 온 거죠.

꾹꾹

튼실

아슬

아슬

취향의 희비 교차

어머. 각선미가 어쩜! 늦게 태어난 보람이 있네.

…극혐.

메슥거려.

그럼 그런 의미에서 남장을 직접 한번 해볼까요?

독자 여러분도 따라 해보세요.☆

따라 하지 마!

남장으로 GO! (1)

① 우선 속옷인 브레(Braies)를 입습니다.

오늘날 서양 의복 바지의 원형 이랄까나,

망측해.

꺅!

② 그리고 셔츠를 입습니다.

러닝셔츠를 속옷으로 볼 것인가는 첨예한 논쟁거리지요.

지금도 정장에서 셔츠를 속옷으로 볼 것인가,

이때는 셔츠가 일종의 속옷으로 간주되었죠.

③ 그리고 호즈(Hose)를 입습니다.

긴 양말이나 스타킹 같은 느낌의 겉옷이죠.

④ 호즈는 셔츠나 허리띠 등에 끈으로 얽어맵니다.

단추가 보편화되지 않았을 때라 보통 끈이 그 역할을 대신하죠.

남장으로 Go! (2)

그리고 그 위에 겉옷을 걸쳐주면 완성!

고중세(High Medieval Time) 그것은 하이패션의 시대!

최고야! 하이패션!

마틸다! 마틸다!

왜?

속옷 보이잖아, 너.

그렇죠. 앞서도 이야기했듯 브레는 속옷.

이 패션의 문제점은 속옷이 노출된다는 것이죠.

문제점이 있으면 입지 말라고.

란제리룩

발상의 전환

그리하여 중세를 벗어나기 시작한 사람들은 다시 고민에 빠집니다.

어떻게 가리지?

다리나 오우려!

양인들은 양물이 크니 쉬이 가려지지 않는 것이야.

그리하여 튜더 시대쯤에

아! 유레카!

뭐… 뭐야?

가려지지 않는다면 강조하면 될 것이 아닌가?

뭔 미친 소리야!

그걸 왜 강조해?

발상의 전환!

금속이나 가죽 재질의 코드피스로 그곳을 강조하는 패션이 유행하게 됩니다.

안녕! 나는 코드피스라고 해!

ㅋㅋㅋ. 이것이 옴파탈.

으악! 극혐!

볼륨 있는 낭심을 만들어주지!

이 코드피스는 갑주에도 적용될 정도로 인기를 끌었고

헨리 8세가 특히 이 패션으로 유명하죠.

짧은 바지의 역습

다행히도 미친놈만 있는 건 아니라 그냥 위에 바지를 입는 사람들도 있었습니다.

Pumpkin Breeches

호즈는 스타킹이나 양말로 이어지고….

그것은 속옷이었던 바지가 겉옷의 지위로 올라가는 패션 혁명이었던 것이죠.

브레는 바지로 이어지고.

패션의 혁명은 거기서 끝나지 않는데 겉옷이 된 바지는 긴바지파와 반바지파로 분열합니다.

오우, 뭐지? 이 극혐 패션은? 반바지 없는 것들 같으니.

뭣이?

퀼로트(Culotte). 귀족들이 입던 반바지.

상퀼로트 (Sans-Culotte), without 퀼로트.

그리고 마침내 긴바지가 승리하고 오늘날 포멀한 복식으로 자리 잡게 되죠.

1793 파리 패션위크

자세히 보니 긴바지도 나름 괜찮을…지도?

중세의 패션

만화에서는 개그의 흐름을 따라 패션의 흐름이 단절적으로 보이지만, 사실 실제 패션은 그렇지는 않습니다. 가령 펌프킨 브리치(호박바지)는 현대인의 눈에는 코드피스가 필요 없어 보이지만, 당시 사람의 눈엔 남자 옷에 '거기'가 너무 밋밋하다고 생각되기도 한 걸로 보입니다. 코드피스에 너무 익숙해져 있었던 것이지요. 펌프킨 브리치는 트렁크 호즈라고도 불렸습니다. 트렁크 호즈는 호즈를 대신하는 옷차림이라기보단 호즈를 보완해주는(정확히 말하자면 가랑이 부분을 보완해주는) 옷차림이었죠. 그렇게 겉에 입는 반바지(트렁크 호즈)와 그 안에 받쳐 입는 스타킹(호즈)이 남성의 포멀한 의상이 되는 시기가 밝아옵니다. 만화와는 달리 혁명과 상퀼로

트조차도 이 대세를 한 번에 뒤집지는 못했죠.

결국 반바지가 포멀한 의상의 자리에서 내려오기까지는 19세기에 시민계급이 사회를 주도하면서 긴바지가 귀족적인 반바지와 스타킹을 대체하는 것을 기다려야 했죠. 그렇듯 사회 계급의 변화는 끊임없이 패션에 영향을 줍니다. 20세기엔 노동자들의 사회적·문화적 위상이 높아지면서 청바지 역시 작업 바지에서 어느 정도 공적 자리에서도 입을 수 있는 복장이 되었잖아요?

여성복은 어떠할까요? 고대부터 근대까지 발목 근처에서 놀던 치마의 길이는 19세기 중반 여성 인권의 성장과 함께 도전을 받게 됩니다. 어밀리아 블루머가 치마 아래통이 넓은 바지를 입는 블루머라는 패션을 창시한 것이죠. 코르셋과 페티코트로 대표되는 불편하기 짝이 없는 당시의 여성 패션계의 혁신이었죠!

물론 이러한 혁신에 남성들은 크게 반발했습니다. 바지를 입는 것은 여성스럽지 않다고 불평했지요. 오른쪽 그림의 예쁘장하게 묘사된 치마 입은 여성들과 그에 대비되는 탈코르셋한(문자 그대로죠!) 여성들의 묘사는 남성들의 의도를 투명하게 보여주죠. 이러한 남성들의 불평에 한 블루머주의자는 제네바의 한 지역신문에 대답하길,

남자들이 길고 무거운 치마가 편하다고 생각한다면, 직접 입으라지요. 우리는 반대하지 않아요.

그리고 격동의 20세기, 여성의 사회참여가 극적으로 확대되면서 여성이 바지를 입는 것이 어색하지 않게 되었죠. 그리고 치마의 길이 역시 발목까지 오는 치마부터 초미니스커트까지 오직 치마를 입은 여성 본인의 선택의 문제가 되었죠. 그런 관점에서 다음 천년기의 패션의 변화를 상상해보는 것도 재미있을 거예요. 근대 반바지 귀족들은 상것들의 패션이 오늘날의 정장이 되리라곤 상상하지 못했을 것이고, 중세 여인들은 여인들의 치마가 발목 위로 올라가고 여성들이 바지를 입고 다니는 것을 상상하지 못했을 거예요. 우리는 천년 뒤 사람들의 패션에 대해서 얼마나 상상할 수 있을까요?

Episode 2 **속옷 이야기**

2021년 링컨셔, 성 메리 수녀원

수녀원 이야기
촬영 현장

컷!

하아!
끝났다아~

수고하셨
습니다!

수고했어.

간만에
일찍 끝났는데
시내나
나가볼까?

아, 이따가
저녁 촬영
있으니까 멀리
가지들 마세요.

그래,
이것들아.
대본이나 외우고
있으라고.

쳇.

음… 그럼
여배우 대기실에
가야 하려나?

싫은데…
여배우 대기실.

대기실
극혐.

여배우들

속옷

그나저나 리넨 언더튜닉 안에는 속옷으로 뭘 입으려나?

*

뭘 입냐니? 슬립 입었네.

나 말고! 옛날 사람들은 뭘 입었냐는 말이지!

빨리 좀 갈아입어.

꺼져.

뭐, 영화 같은 데 나오지 않아?

탈의실에서 갈아입어!

룰렁

룰렁

뭐 그런 거 있잖아.

코르셋 이라거나

호박 팬티 라거나

가령 이런 느낌?

그런 걸 입...

오호.

어디서 샀어?

아니거든.

286

중세 스타일

그게 속옷이야.

중세에 코르셋은 좀 아니지.

아니라니?

?

네가 입고 있는 언더튜닉이 바로 속옷이라고.

어, 그럼 이 안에 아무것도 안 입는 거야?

뭐, 그런 셈이지.

가령, 1209년 카르카손의 카타리파 추방을 묘사한 그림에는

튜닉까지 모두 빼앗기고 추방당하는 남녀 주민의 모습이 나오는데

《프랑스 대연대기 (Grandes Chroniques de France)》의 삽화 중에서

브레를 입고 있는 남자들과 달리 여성에겐 팬티에 해당하는 속옷의 묘사가 없는 것이 보이지.

생리

그럼 생리 때는 어떻게 하는데?

음, 그야…

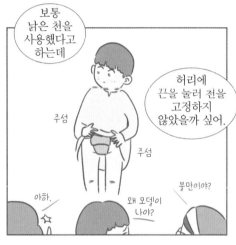

보통 낡은 천을 사용했다고 하는데

허리에 끈을 눌러 천을 고정하지 않았을까 싶어.

주섬

주섬

아하.

왜 모델이 나야?

불만이야?

물론 당시 천의 흡습력이나 엉성한 구조를 보면 새거나 할 일은 많았겠지.

생리 기간에는 최대한 야외 활동을 피했던 거 같아.

생리 중인 여성은 불결하므로 교회에 와서는 안 되느니라.

먼 길을 걸어 교회에 안 가서 다행이긴 한데 기분이 × 같군.

뭐, 차별적인 사회는 배려도 차별적이니까.

뭐, 일종의 배려라고 해야 할까요?

그래도 사람한테 불결이라니.

가슴 주머니

가슴의 경우엔 너무 큰 가슴은 수건으로 잘 싸매야 한다 정도의 인식이 있었던 걸로 보이는데.

으엑.

건강에 안 좋을 거 같은데.

그러다 중세 중후기쯤엔 이런 언급이 나오기 시작해.

"요즘 여인들은 옷 안에 주머니를 넣어 가슴을 고정시키더라."

주머니?

"요즘엔 가슴 주머니가 달린 옷을 여인들이 입더라."

주머니 달린 옷?

뭐, 컵을 주머니라고 생각한다면

옷 안에 주머니를 넣는 것은 원시적인 브래지어에 대한 설명이 아닐까나?

호오.

cup?

콘라트 폰 아멘하우젠 (Konrad von Ammenhausen)의 그림에서

주머니 달린 옷은 언더튜닉이나 슈미즈 가슴 부분에 컵을 달아놓은 걸 이야기하는 것이겠지.

요런 느낌?

드로어즈가 세상을 뒤덮을 때까지

그럼 대체 팬티는 언제부터 입기 시작한 거지?

탈의실 가라고.

훌렁

그러게.

중세 중후기 즈음이 되면 짧은 브레 혹은 드로어즈를 입는 여성들이 나타나기 시작해.

이탈리아나 저지대 국가들 상류층 사이에서 종종 나타나지.

보카치오의 《유명한 여자들》 독일어판의 목판화에서

하지만 속바지를 입는 것은 뭔가 '남자처럼 입는 것'이라 생각하는 사람도 많았나 봐.

그래서 이 패션이 보편적인 여성 속옷으로 자리 잡기까지는 더 기다려야 했지.

헐, 별게 다 남자처럼 이여.

그러게, 팬티가 뭔 남장?

chemise & drawers

결국 이 패션은 18세기가 되어서야 자리 잡게 된 것이지.

그리고 다시 노팬티로 다닐 자유는 20세기를 기다려야…

끼어들지 마! 그리고 내 안경!

메소드 연기

우와, 대단해요. 어떻게 그런 것도 다 안대요?

뭐, 배역 연구를 하다 보면 이것저것 찾아보게 되거든.

으쓱

HISTORY

윽… 뭔가 스스로 굉장히 게으르게 느껴지는걸.

책을 다 읽다니….

뭐, 나도 책을 읽을 수도 있지만 메소드 연기를 위해 참고 있는 편이지.

쳇.

네? 메소드 연기랑 책 안 읽는 게 무슨 상관이?

그야, 마틸다는 책 따위는 읽지 않는* 불꽃같은 여인!

그래서 배역 몰입을 위해 활자 매체는 가급적 피하고 있다고.

책은 한가한 조연들이나 읽는 거지.

아파!

이거 놔! 요절을 내버릴겨!

참아!

* 사실입니다.

중세인은 팬티를 입지 않았다?

사실 중세인들이 팬티를 안 입었다니 불편했겠다 혹은 괴이하다 이런 생각은 현대인의 편견일 수도 있습니다. 생각하기에 따라선 통풍도 잘되고 화장실 갈 때마다 발목까지 오는 치마를 걷고 속바지 매듭을 푸는(고무줄이 없으니까요) 불편을 피할 수 있으니 말이죠.

다만 생리 문제에 관해서라면 확실히 불편함이 있었겠지요. 만화에서도 나오듯 정확히 어떤 방법을 통해서 생리를 처리했는지는 잘 알려지지 않은 부분이 있습니다. 중세엔 여성들이 생리하는 것을 숨겨야 할 이야기이자 값비싼 종이 위에 남길 만한 주제가 아니었던 것이죠.

힌트는 그나마 생리 이야기가 좀 더 자연스러워지고 종이 값이 좀 더 싸진 현대에서 찾을 수 있습니다. 위생 벨트로 알려진 이 상품은 20세기 초, 생리대나 탐폰 등의 혁신적인 발명이 있기 전에 쓰였던 생리 용품이죠. 벨트를 허리에 고정하고 천을 끼워서 사용했던 것으로 보입니다.

생리만이 아니라 많은 여성과 관련된 이야기들은 다양한 이유로 역사에 남지 못했습니다. 때론 입에 담기 부끄럽다는 이유로, 혹은 기록에 남기기엔 너무도 사소하다는 이유로 말이죠. 꼭 여성들만은 아니겠죠. 가난한 농민의 삶, 이방인의 삶, 장애인

의 삶 등등 귀족 남성에 비해 지면을 적게 할당받은 사람들
이 있어왔죠.

우리가 역사를 통해 배워야 할 것이 있다면, 우리는 우리 사
회의 지면을 다양한 사람들의 다양한 삶으로 채울 수 있게
나눠야 한다는 것이죠. 그 이유에는 우리를 위해서인 것도
있지만 후세의 역사 마니아들이 이런 고통(역사에 남지 않은 사람
들의 삶을 망상해야 하는)을 겪지 않게 하기 위함도 있는 것이죠.

Episode 3 **목욕 이야기**

냄새

2021년,
링컨셔 촬영 현장

아, 춥다,
추위~

야, 좀
비켜봐.

아, 잠깐만.
이 판만
깨고.

수고했어.

어, 근데
뭐 냄새
안 나?

드르륵

구리
구리

그런가?
좀 쿰쿰한
냄새가 나긴
하는데…

응? 왜?
뭐?

구리

구리

으

메소디스트

몀 감기

찬물파 vs 더운물파

죽는 게 남 얘기가 아냐. 너무나 추워.

로달달달

앗! 치사해!

물론 목욕물을 데울 여유가 있는 사람들은 집 안에서 목욕통에 더운물을 받아 목욕을 했지.

아! 더운물 최고!

좋냐?

욕조 목욕은 크게 유행해서 귀족들이 손님을 받을 때 목욕을 접대 코스에 넣을 정도로 인기를 끌었다고 해.

단순히 씻는 게 아니라 간식도 먹고 허브 목욕이나 아로마세러피 등 위생, 의료, 오락 등등이 복합된 콘텐츠였지.

뭔가 찜질방 같은데?

《코덱스 마네세 (CODEX MANESSE)》의 한 삽화에서

목욕 주기

그럼 대체 얼마나 자주 목욕을 한 거예요?

보글보글

글쎄, 가령…

웨스트민스터 사원의 회칙에는 수도사들은 1년에 네 번 온수 목욕을 해야 했다고 하지.

엑? 1년에 네 번은 너무 더러운 거 아녜요?

네 번만 했다기보단 적어도 네 번은 의무적으로 했다고 보는 게 맞겠지. 사원에는 목욕 관리사를 고용하고 있었으니 필요하면 더 하지 않았을까.

특히 노인이나 병자에게 목욕은 치료로 간주되었기 때문에 추천되었어. 다만 이런 목욕은 비용이 많이 드니까…

너무해!

저기, 이건 뭐죠?

그러니까 왜?

아, 장미 꽃잎이지요. 꽃말은 욕망…

아, 젊은 것들은 개울 가서 씻으라고.

빠져가지고

298

청결 왕

규모의 경제

이런 목욕 문화는 곧 대중적으로도 인기를 끄는데.

근데 장자 값도 그렇고 대중적으로 하기는 좀 비싸 보이는데?

그래서

대중목욕탕이 등장하게 되는 것이지. 규모의 경제랄까.

파리엔 센강을 따라, 런던엔 템스강을 따라 이런 목욕탕들이 수십 개씩 번성하게 되는데….

근데 남녀가 같이 있는 거 같은데….

그 얘긴 좀 이따가 하고.

1475년 판, 성 오거스틴의 《신국론》 삽화 중에서

뭐, 네 편견과는 달리 중세 사람들도 나름 최선을 다해 깨끗함을 추구한 것이지.

꾸욱

그렇지만 더러운 사람도 있지 않아? 평생 안 씻거나 하는.

풍덩

뭐, 육신의 안락함을 멀리하는 고행이 종교적인 의미가 있다고 생각하는 사람들도 있긴 했지.

가령 평생 목욕을 멀리하거나

면도를 하지 않고 외모를 꾸미지 않는다거나 이런 유의 성스러움.

세상에 이런 일이

뭐, 자기 관리를 놓은 사람이 존경을 받기도 한 것은 사실이지만

내 구레나룻까지 덥수룩해지는 기분이야….

안 씻으면 이 끝을 텐데 대단하셔라.

나야 옷 하지.

하지만 대다수의 사람들이 자기 관리를 놓지 않은 것 역시 사실이거든.

누더기…. 그래, 패션의 끝은 빈티지!

애초에 대다수의 사람들이 그렇게 살았다면 위의 케이스가 회자되지도 않았겠지.

세상에 이런 일이!

여기는 카스티야왕국! 태어나서 단 두 번만 목욕을 했다는 여왕님이 계시다던데

윽.

윽, 냄새.

뭐, 당시로도 별난 케이스라고 해야겠지?

여왕님! 목욕 안 하는 것도 좋지만, 건강에도 신경 써주세요.☆

꺼져!

현지화

대중목욕탕은 무슬림의 목욕탕인 하맘*의 영향을 받은 걸로 보여. 종종 대중목욕탕을 '이교도들의 목욕'이라고 했거든.

이교도들의 목욕?

오리지널 이교도 목욕과 현지화된 이교도 목욕은 차이점이 있었는데

여성과 남성이 시간적·공간적으로 분리되고

허리에 천을 둘러 알몸 노출을 꺼리는 오리지널과는 달리

* hammam

18세기 시집 《여인의 책》의 삽화에서

유럽 현지화된 '이교도 목욕'은 이것들이 잘 지켜지지 않았지.

슬금 슬금

남녀 혼탕이라니 너무 좋··· 아니, 좀 남사스럽지 않아요?

하하. 가끔은 이런 퇴폐 문화도 신선하지 않겠소?

크윽, 이교도 놈들. 이 좋은··· 아니, 이런 음탕한 걸 지들끼리만 하고 있었다니.

화가 나!

간질 간질

저기··· 선생님, 뭔가 심각한 오해가···.

이교도 좋아하네!

퇴폐의 끝

퇴폐 업소의 기본적인 패턴은 ① 남녀가 혼욕을 즐기며

③ 분위기가 무르익으면 침대로 가서 신명 나게….

② 음식과 술을 먹고 마시다가

발레리우스 막시무스의 《기억할 만한 공적과 격언》 15세기 판본 삽화 중

물론 평범한 목욕탕도 있었겠지만 대놓고 성매매 여성을 고용하여 장사하는 퇴폐 업소들이 강마다 가득가득 들어서고

도시의 관리들과 종교인들이 규탄해 마지않는 사회문제로 떠오르게 되지.

씻는 건 좀 평범하게 하라고.

결국 이러한 퇴폐 영업은 철퇴를 맞게 되는데

엥? 철퇴? 단속 떴나?

뭐야!

안녕, 너희 사회적 거리가 너무 가까운 거 아니니?

흑사병과 매독 등 전염병이 대유행하면서 이러한 목욕 문화가 직격탄을 맞게 된 것이지.

303

현상과 대책

범세계적 유행병에 직면한 사람들은 나름의 원인을 찾게 되는데

음… 복욕탕을 중심으로 환자가 늘어나는 거 같은데 말이죠.

흐음.

즉 목욕이 질병 전파의 허브인 것입니다! 살고 싶으면 목욕과 사회적 거리를 유지하세요!

원 개소리야!

그냥 평범하게 씻으라고.

농담 같은 이야기지만 중세 말기에서 근대 전반까지 많은 의사들은 목욕을 질병 전파의 매개로 지목합니다.

ⓐ 온수 목욕을 한다.

ⓑ 땀이 나고 모공이 넓어진다.

좋아

ⓒ 넓어진 모공으로 병마가 들어오고….

ⓓ 사망!

더러움의 업보

중세인은 더럽다?

중세는 길고 유럽은 넓기 때문에 '중세 유럽인은 ~하다'라
는 식의 언급은 위험할 수도 있습니다. '중세인은 더럽다'도
그러한 관점에서 볼 필요가 있을 거예요. 더더군다나 목욕
같은 일은 종이에 남길 정도로 중요한 일로 간주되지 않았
다는 점에서 더 세심하게 볼 필요가 있지요.
가령 제가 '2년에 한 번 목욕탕에 간다'고 일기에 써놨다
고 합시다. 핵전쟁이 일어나고 인류의 기록 유산이 파괴된
5,000년 뒤 후손들이 제 일기를 읽고 '21세기인들은 2년에
한 번 정도 목욕을 했구나'라고 여길 수도 있겠죠.
돈이 들어서 종이에 남는 목욕 기록과 달리 개울에서 멱을
감거나 집에서 수건에 물을 적셔 몸을 닦거나 하는 등의 위
생 활동은 아무래도 간과되기 쉽습니다.
또 중세는 길기 때문에 로마의 유산(특히 목욕 시설)이 잘 남
아 있던 극초기와, 그게 다 파괴되고 생활수준도 낮았던 시
기, 먹고살 만해지고 십자군을 통해 동로마와 중동에서 고
급 목욕 문화가 들어오던 시기 등을 분리해서 볼 필요도 있
습니다.
가령 초기 수도원은 1년에 두어 번만 온수 목욕을 하고 그
나마 젊고 건강한 형제들은 하지 말라고 하며 그걸 경건 행
위라고 포장하던 경우가 보입니다만, 13세기의 수녀 수칙

에는 자주 씻고 옷도 정결히 입으라고 하며 더러움은 하나님에 대한 도리가 아니라고 강조합니다.

마찬가지로 샤를마뉴의 궁정에서는 큰 연못을 파서 집단으로 냉수욕을 즐겼다는 기록이, 중세 중후기에는 손님을 맞으면 개인 욕조에 물을 받아 접대했다는 기록이 나오죠. 시대에 따라 다른 양상의 목욕 문화가 나타나는 셈이죠.

사실 현대나 같은 시기의 동로마인, 무슬림, 유대인에 비하면 부족한 부분은 있지만 이 사람들도 나름의 방법으로 몸을 씻고, 때로는 우수한 목욕 문화를 도입하기도 하는 등 개인위생을 위해 노력을 기울여왔다는 점을 주목할 필요가 있습니다. 물론 그러한 노력을 하지 않은 사람도 종종 있었고, 그 노력이 잘못된 결과를 맞이하여 근대에는 몇 세대의 후손들이 끔찍한 위생 상태로 살았다는 점도 주목해야 하겠지만요.

이교도 목욕

'이교도 목욕' 에피소드는 유럽인들이 좀 너무하지 않나 생각이 들 수 있지만, 사실 동북아시아 사람들에게도 남의 일 같은 이야기는 아닙니다. 사실 일본에서 목욕과 결합된 성매매 업소를 흔히 도루코부로(터키 목욕)라고 불렀고, 한국도 그 영향으로 터키탕이라고 불렀죠.

터키 사람들을 비롯한 중동 사람들은 청결에 많은 노력을 기울여온 바 훌륭한 목욕 문화를 만들어왔고, 더욱이 이것은 종교적인 정결과도 연결되는 것입니다. 그걸 수입해서 퇴폐 목욕탕이나 만들고 거기에 한심한 이름을 붙이는 것은… 뭐, 부끄러운 역사겠지요.

Episode 4 **마지막 수업**

도서관

1301년, 링컨셔 성 메리 수녀원

애, 이디스야, 뭐 하니?

아, 오늘은 책장에 먼지나 닦아내려고요.

콜렛, 별일 없지?

어디 가?

네, 양모에 대해 찾아볼 게 있어서 도서관에…….

어, 원장쌤 수고 많으십니다.

오잉? 사다리?

아, 책장 위에 정리할 게…….

흠, 요것들이 왜 다들 도서관에…….

뭐, 설마 도서관에서 땡땡이를 치겠어?

책이랑은 상극인데.

모이지 마! 불안하다고.

가셨어?

아직요.

스터디

그럼 정기 〈수녀 비행 사례 연구〉 스터디 모임을 시작하도록 하겠습니다.

근데 왜 스터디를 몰래 하는 거예요?

그게….

요새 수녀원 봉쇄*로 인해 수녀들의 외출 및 여행이 힘들어진 부분이 있는데

흠….

* 수녀와 속인의 수녀원 출입을 금하는 조치. 〈1장. 수녀원 이야기〉 ep. 9

어떻게 하면 몰래 여행을 떠날 수 있을까요, 하는 고민 사례가….

맞아. 봉쇄령 정말 싫어!

근데 별수 없잖아요? 교황청 명령인데….

이디스! 무슨 나약한 소리야!

규칙이 있으면 반드시 그 파훼법이 있는 법!

그것이 본 스터디의 모토인 것을!

이런 스터디라 몰래 하는 거지.

킴의 마틸다
(12??~13??)
탈법 대법관

310

케이스 : 수녀원 봉쇄

봉쇄령에서는 수녀들이 '합당한 사유' 없이 수녀원을 이탈하는 것을 금하고 있지. 즉 뒤집어 말해

합당한 이유만 있으면 뭐든 되는 것이야.

신병 치료

비즈니스 출장

가족 경조사

법원 출두

과연 탈법 대법관…

대단해!!

그럼 연고가 없는 곳으로 여행 가고 싶을 때는 어떻게 하죠?

좋은 질문. 그럴 땐

'성지순례'를 활용하면 되는 것이니라.

성지는 예루살렘이나 로마 같은 해외부터

뭐야? 성지순례는 봉쇄령 예외인 거야?

Holy land

Holylands Combine

링컨셔 같은 깡촌까지 빼곡히 있으니까

그건 아닌데 허가 없이 순례를 다녀온 수녀는 같은 시간만큼 〈시편〉을 읽으며 근신하라는 사례*가 있거든.

〈시편〉이야, 뭐 얼마든지 읽어주지.

여행 가기 전에 가까운 성지를 먼저 검색해놓는 거지.

* 1318년 요크셔

케이스 : 수녀원의 사랑

발상의 전환

어려운데?
몇 년간 고행이면
〈시편〉 읽기처럼
가벼운 게 아니잖아?

근손실 온다고.

음. 애초에
안 걸리면
되잖아?

뭐, 이런 건
보통 고해성사에서
밝혀진단 말야.
참회 지침서에서도
이런 부분을 물어보라며
가이드하고 있고…

고해성사에서
침묵할 수도
거짓말할 수도 없는
노릇이잖아?

안 되나?
왜?

안 되거든!

거기에 우리는
모두 순결의 맹세를
했잖아요.

이디스 자매,
그것은 큰 문제가
되질 않는다네.

발상의
전환이
필요해.

마틸다 킴
(12XX~13XX)
영국의 발상 전환가

어차피
청빈과 복종의 맹세도
종종 어겨왔잖아!
이 마당에 빨간 줄 하나
더 긋는 게 대수야?

이 만화의
주제*라고.

아하!

자랑이다.

* 사실입니다.

가이드 : 고해소

탈주 수녀

1400년, 로니의 수녀 조앤 아델셰는 수녀원을 탈출합니다.

집을 나가 길을 잃은 어린양을 되찾기 위해 국왕은 보안관들과 휘하 군인들을 동원하지요.

뭣 땜에 이렇게 모인 거야?

도망친 수녀 하나를 잡아야 한다던데?

만만히 보지 마! 수녀 하나라니! 탈주 수녀라고.

무서워.

저기 있다!

수리검을 조심해!

뭐야! 다들 할 일 없는 거야?!

그런 거 없거든요!

도도도도

그리하여 결국 조앤은 체포되었죠.

어, 그래서 어떻게 되었는데요?

조앤의 카노사

조앤은 수녀원 문 앞에서 자비를 구걸하고

수녀원에서 그녀를 다시 받아주는 걸로 사건은 대충 봉합되지.

… 잘된 걸까요?

글쎄, 수녀원을 벗어나려던 자매들 중에는

파문을 당하고 갇혀 지내는 사람도 있었으니

거기에 비하면 조앤 자매는 잘 풀린 거라고 할 수도 있겠지만

그녀가 수녀원을 떠난 이유가 있었을 텐데 아무것도 바뀌지 않은 그 문 앞에

무릎을 꿇어야 했던 그녀에게 과연 이 상황이 잘 풀린 일일까?

솔루션 : 조앤의 케이스

그러게, 너무한 거 같아요.

도망칠 정도로 싫은 사람을 붙잡아 두면 안 되는 걸 텐데.

그러게, 그걸 무장한 장정을 몇이나 붙여서 추적하다니…

1400년의 조앤이 14세기 리즈 사람 조앤의 케이스를 연구했더라면 좀 더 인생이 잘 풀렸을 수도 있겠지?

뭐야, 그게?

14세기 초 리즈의 조앤이라는 수녀는

아, 하루라도 바깥세상에 살고 싶어라.

수녀원을 간절히 나가고 싶어 했대.

요것이! 네가 관짝에 들어가지 않고서야 이 수녀원을 벗어날 수 없음이야!

바꿔치기의 술

말이 씨가 되었는지 조앤은 시름시름 앓다가

원장님, 밖에 나가고 싶어요.

그래. 병이 나으면 같이 바람도 쐬러 나가자꾸나.

세상을 떠나버렸지.

저런.

뭐가 잘 풀렸대.

요것들아, 아직 이야기 안 끝났음이야.

Joan of Leeds

그리고 시간이 흘러 수녀원장에게 인근 마을에 그녀가 살고 있다는 제보가 들어오고….

이게 좀비인가 뭔가 그거인 것인가?!

원장님, 과연 이 안에 구원이 있더군요.

뭐야?!

오오!

바꿔치기의 술?!

사람들이 관짝을 열어보니 가짜 시체만 덩그러니 있더라는 이야기지.

수녀원 탈출

좋은 아이디어였지만 마지막에 방심하여 지역사회에 소문이 퍼져서 발각된 케이스로

하여간 입이 웬수여.

강평 모드

도망가는 김에 국경을 넘어 지후아타네호까지 갔더라면 해피엔딩이었을지도.

〈쇼생크 탈출〉도 안 봤어? 우와, 세대 차이.

에? 거기가 어디예요?

하여튼 아무리 어려운 고난이 있더라도

역사를 배우고 익혀두면 항상 빠져나갈 구멍이….

그럼 진입할까요?

그래도 저것들이 모여서 공부를 한다는 건 처음 있는 일인데…

쪼끔 감동이….

아이고, 원장님. 불온 서클이라고요. 이런 거에 일일이 대견해하지 마세요.

FINE

순례

순례는 단순한 여행이 아니라 죄를 씻고 구원을 받는 종교
적 성취이자 병을 치료하는 등등 온갖 효과가 있(다고 믿어지)
는 가히 중세 라이프의 엔드 콘텐츠에 가까운 것입니다. 그
래서인지 가기 싫어하는 사람이라도 종종 참회고행의 일환
으로써 억지로 보내기도 할 정도였죠.

그런 측면에서 가고 싶어 하는 사람들을 못 가게 막는 것도 뭔가 부당합니다. 1318년 요크 대주교가 수녀들의 순례를 막고, 이미 다녀왔다면 순례 기간만큼 〈시편〉을 암송하며 지내야 한다고 명령한 것처럼 말이죠. 1300년 교황이 봉쇄령을 내린 이후 얼마나 많은 수녀들이 순례를 수녀원을 떠날 합당한 사유로 활용했을까 싶기도 하죠.

이런 식으로 수없이 반복된 포고(순례도 가지 말고, 세속의 패션도 쫓지 말고, 그놈의 애완견도 기르지 말고)를 진지하게 받아들였다면, 제프리 초서의 《캔터베리 이야기》에 이러한 포고들을 자연스럽게 종합적으로 어기고 있는 에글런타인 수녀원장이 나오지 않았겠죠. 초서의 이야기 속 그녀는 세련된 패션을 자랑하며 애완견을 데리고 캔터베리로 성지순례를 떠나고 있거든요.

고해성사

전 고해를 받아본 적이 없어서 중세의 고해에 대해 들으면 좀 의아합니다. 제가 생각하는 고해는 신자가 마음속에 품고 있는 찝찝함을 상담하는 카운슬링 같은 이미지인데, 참회 지침서에 묘사되는 고해는 좀 더 공격적으로 신자들을 공략하거든요.

가령 "혹시 안식일을 비롯한 금지일에 섹스를 하지는 않으셨는지요, 성도님?" 하고 물어오는 고해성사는 현대에는 어렵지 않을까요? 이런 질문이 보름스 주교 부르카르트가 고해 신부들에게 현장 지침으로 내려준 질문 예시라는 것은 현대적 감각으론 이해하기 힘들죠.

어쩌면 불변하는 것이라고 여겨지는 종교 성사조차도 역사와 사회적 맥락 속에서 형성되어온 산물이라는 것이겠죠. 물론 불변하는 것도 있습니다. 가령 인간이 인간을 사랑하는 본질이라거나, 연애편지는 남이 읽으면 웃기다는 거나.

수녀원의 연애

다음은 12세기의 한 수녀가 다른 수녀에게 보낸 편지의 일
부입니다.

> 꿀보다 벌집보다 달콤한 C에게, 사랑을 담아 B가.
> 유일하고 특별한 넌 왜 날 그렇게 기다리게 하니?
> 네가 알 듯 널 영육으로 사랑하고 주린 아기 새처
> 럼 매 순간 한숨 쉬는 네 유일한 사랑이 죽는 꼴이
> 라도 보고 싶니?

옛날이나 지금이나 사랑에 빠진 사람의 편지란. 하지만 이
사랑의 대가는 꽤 무거웠죠. 만화에서처럼 3년의 참회고행
이나, 기구를 썼다면 7년의 참회고행에 해당했으니까요.
7년의 참회고행은 얼마나 무거운 처벌일까요? 지역과 시기
에 따라 다르긴 한데, 처녀의 처녀성을 손상시킨 남자에게
그녀를 아내로 맞이하거나 5년의 참회고행을 받거나 선택
하도록 하는 사례가 있습니다. 중세는 시간 여행하기 좋은
시기가 아니었던 셈이죠.

참고문헌

미셸 파스투로, 주나미 옮김,《돼지에게 살해된 왕》, 오롯, 2018.

슐람미스 샤하르, 최애리 옮김,《제4신분-중세 여성의 역사》, 나남, 2010.

아일린 파워, 김우영 옮김,《중세의 사람들》, 이산, 2007.

양태자,《중세의 뒷골목 사랑》, 이랑, 2012.

차용구,《중세유럽 여성의 발견》, 한길사, 2011.

캐서린 애셴버그, 박수철 옮김,《목욕, 역사의 속살을 품다》, 예지, 2010.

피터 하몬드, 홍성표 옮김,《서양 중세의 음식과 축제》, 개신, 2003.

Eileen Power,《Medieval English Nunneries c. 1275 to 1535》, Franklin Classics, 2018.

Henrietta Leyser,《Medieval Women》, weidenfeld & Nicolson, 1995.

Ian Mortimer,《The Time Traveler's Guide to Medieval England》, Touchstone, 2011.

Kirsti S. Thomas, 〈Medieval And Renaissance Marriage : Theory and Customs〉.

마틸다와 함께하는 중세의 패션위크!